Logica
Logica
Krinologica

V. 953
+ A.

Reserve

ƒ g m o m g
ƒ y m o m g

р. Yc. 1400.

1400

LE QVATRIESME
LIVRE DE L'ENEIDE
DE VERGILE, TRA-
duict en vers Francoys.

LA COMPLAINCTE DE
Didon à Enée, prinse d'Ouide.

AVTRES OEVVRES DE
l'inuention du translateur.

PAR
I. D, B. A.

Auec Priuilege.

A PARIS,

*Pour Vincent Certenas libraire, tenant sa
boutique au Palais, en la gallerie par ou
lon va à la Chancellerie, & au mont
S. Hilaire en l'hostel d'Albret.*

1552.

SVR LES TRANSLA-
tions, & autres œuures poëtiques
DE I. DV BELLAY, ANG.

Sonnet
DE I. DE MOREL AMBR.

Comme lon voit l'abeille industrieuse
   Aux chãps d'Hybla suçer de maïte fleur
L'emmiellée, & celeste liqueur,
Dont nous succrons l'amertume odieuse.
Telle est aussi la Muse ingenieuse
   Du doulx-vtile Angeuin translateur,
   Qui ses thezors tirez de maint aucteur
Nous iecte icy d'vne main planteureuse.
Heureux present des Dieux ! heureuse année,
   Qu'a DV BELLAY la Lyre feut donnée !
   Soit pour le fruict, soit pour le resioüir.
O plus heureuse encor' la France toute !
   Et l'estranger, qui tout rauy l'escoute,
   Esmerueillé de telle voix oüyr.

AV SEIGNEVR
I. DE MOREL
Ambrunoys.

IE n'auoy iamais experimenté la doulceur des bonnes lettres(cher amy MOREL)si non depuis que la fortune m'a voulu preparer tant de calamitez, que ie ne seray iamais las de remercier celuy, qui m'a dóné la grace de les pouuoir supporter iusques icy. Ie ne diray, par qu'elle diuersité de malheurs s'est iouée de moy ceste cruelle arbitre des choses humaines : comme celuy, qui n'ignore telles complainctes estre aussi vsitées, comme les occasions en sont ordinaires. Ie diray seulement, que parmy tant de malheurs (cõtre lesquelz ie ne sens ma raizon si forte, qu'elle m'-eust peu armer de suffisante patience) le non moins honneste, que plaisant exercice poëtique m'a donné tant de consolation, que ie ne puis encores me repentir d'y auoir perdu vne partie de mes ieunes ans. Ce qui faict, que ie porte moins d'enuie à la felicité de ceux, qui pour destourner le cours de leurs fascheries, ou n'ayans (peult estre) autre occupation, passent le

A.ij.

tems en ie ne ſçay quelz exercices , dont pour
le mieux ilz ne peuuent recueillir, qu'vn bref
plaiſir ſuyuy d'vne longue repentance. Voyla
toute la gloire , que pour ceſte heure ie pretens
donner a la poëzie : afin que ie ne ſoy' veu trop
hault louer l'artifice, ou i'ay employé vne por-
tion de mon induſtrie. Vray eſt, que n'ignorant, combien le champ de poëzie eſt infertil,
& peu fidele à ſon laboureur , auquel le plus
ſouuent il ne rapporte que ronſes , & eſpines,
i'auoy occaſion de n'y deſpendre mon labeur,
ſi apres la gloire de celuy , qui depart ſes graces ou bon luy ſemble, & ne les veult eſtre
inutiles , ie me feuſſe propoſé autre fin , que
l'honneſte contentement de mon eſprit, accom
paigné d'vng ie ne ſçay quel deſir (ie n'auray honte de confeſſer mon ambicion en cet
endroict) de teſmoingner à la poſterité , que
i'ay quelquefois, & non du tout ocieuſement,
veſcu. Ie me laiſſeray encor' abuſer d'vne ſi
doulce folie , que de penſer mes petiz ouurai-
ges auoir trouué quelque faueur en l'endroict
de ceux , dont le iugement à bien ceſte auctorité de donner (ſ'il fault ainſi parler) droict
d'immortalité à mes labeurs. Ie diray d'auan-
taige, que ce n'eſt vne des moindres felicitez,

dont les hommes se puissent vanter, que d'a-
uoir peu en quelque liberal exercice faire chose agreable aux Princes. Et quand la conscien
ce de mon peu de merite m'auroit du tout retranché l'esperance d'vng si grand bien, si
est ce (cher amy) que pour le droict de nostre
amitié ie prendray ceste hardiesse de me glo-
rifier (en ton endroict seulement) d'auoir quelquefois par la lecture de mes escriz donné plaisir aux yeux cler-uoyans de celle tant rare
perle, & royale fleur des Princesses, l'vnique
MARGVERITE de nostre âge : au diuin
esprit de laquelle est par moy des long tems
consacré tout ce, qui pourra iamais sortir de
mon industrie. Ce sont les principales rai-
zons, qui m'ont donné courage de continuer
iusques icy en l'estude des choses que i'ay suy-
uies, non tant de ma propre election, que pour
ne laisser mon esprit languir en oysiueté : lequel ie sentoy (à mon grand regret) assez mal
preparé à l'estude des lettres plus seures. C'est
pourquoy les moindres occupations, que me
puissent presenter mes affaires domestiques,
me retirent facilement de ce doulx labeur, iadis seul enchantement de mes ennuys : &
qui maintenant de iour en iour se refroydist en

moy par l'iniure de ceste importune, qui m'ayant desia par vne infinité de malheurs priué
de toute autre côsolation, tasche encôr' de m'ar
racher des mains ce seul plaisir, demeuré le
dernier en moy, comme l'esperance en la boëte
de Pandore. A l'occasion de quoy ne sentant
plus la premiere ardeur de cet Enthusiasme,
qui me faisoit librement courir par la carriere
de mes inuentions, ie me suis conuerty à retra-
cer les pas des anciens, exercice de plus en-
nuyeux labeur, que d'alegresse d'esprit : comme celuy, qui pour me donner du tout en proye
du soing de mes affaires, tasche peu à peu
à me retirer du doulx estude poëtique. Toute-
fois, pour n'abandonner si tost le plaizir, qui
durant mes infortunes m'a tousiours pourueu
de si souuerain remede, ie veux bien encor'
donner à nostre langue quelques miens ouura-
ges, qui seront (comme ie pense) les derniers
fruicts de nostre iardin, non du tout si sauou-
reux, que les premiers, mais (peult estre) de
meilleure garde. Et afin, que le tout puisse
rencontrer quelque plus grande faueur, ie com
mençeray non par œuures de mon inuention,
mais par la translation du quatriesme liure de
l'Eneide, qu'il n'est besoing recommander

d'auantage, puis que sur le front elle porte le
nom de Vergile. Ie diray seulement qu'œuure
ne se trouue en quelque langue que ce soit, ou
les passions amoureuses soyent plus viuement
depeinctes, qu'en la personne de Didon. Par-
quoy si vng poëme, pour estre plaisant, &
profitable, doit contenter les lecteurs de bon
esprit, ie croy que cestuy cy ne leur deura pas
desplaire. Quand à la translation, il ne fault
point, que ie me prepare d'excuses en l'endroict de ceux, qui entendent & la peine, &
les loix de traduire: & combien il seroit mal
aysé d'exprimer tant seulement l'ombre de son
aucteur, principalement en vng œuure poeti-
que, qui vouldroit par tout rêdre periode pour
periode, epithete pour epithete, nom propre
pour nom propre, & finablement dire ny plus
ny moins, & non autrement, que celuy, qui a
escrit de son propre style, non forcé de demeurer entre les bornes de l'inuention d'autruy. Il
me semble, veu la contraincte de la ryme, &
la difference de la proprieté, & structure d'v-
ne langue à l'autre, que le trâslateur n'a point
malfaict son deuoir, qui sans corrompre le sens
de son aucteur, ce qu'il n'a peu rendre d'assez
bonne grace en vng endroict s'efforce de le re-

compenser en l'autre. Si i'ay essayé de faire le
semblable, ie m'en rapporte aux benins lecteurs non, que ie me vante(ie ne suys tant im
pudent) d'auoir en cet endroict contrefaict au
naturel les vrays linëamens de Vergile : mais
quand ie diray, que ie ne m'en suys du tout si
eslongné, qu'au port, & à l'accoustrement de
cet estranger naturalizé, il ne soit facile de re-
congnoistre le lieu de sa natiuité, ie croy que
les equitables oreilles n'en deuront estre offen-
sées. Et si ie congnoy que ce mien labeur soit
agreable aux lecteurs, ie mettray peine (si mes
affaires m'en donnent le loysir) de leur faire
bien tost voir le sixiesme de ce mesme aucteur:
car ie n'en ay pour ceste heure entrepris l'entiere version, que tous studieux de nostre langue doiuent souhaicter d'vne si docte main,
que celle de LOVIS DES MAZVRES, dont
la fidele, & diligente traduction du premier,
& second liure m'ont doné & desir, & esperance du reste. Ie n'ay pas oublié ce, qu'autrefois i'ay dict des translations poëtiques : mais
ie ne suis si ialouzement amoureux de mes
premieres apprehensions, que i'aye honte de
les changer quelquefois à l'exemple de tant
d'excellens aucteurs, dont l'auctorité nous doit

oster ceste opiniastre opinion de vouloir tousiours persister en ses aduis, principalement en
matiere de lettres. Quand à moy, ie ne suis pas
Stoïque iusques là. C'est encor' la raison, qui
m'a faict si peu curieusement regarder à l'or-
thographie, que ie n'eusse laißée à la discretion
de l'imprimeur, si ie n'eusse preferé l'vsage pu-
bliq à ma particuliere opiniõ, qui n'a telle auctorité en mon endroict, que pour si peu de chose ie me veuille declarer partial, & couuoi-
teux de choses nouuelles. Si quelqu'vng se fasche, que i'aye le plus souuent retranché l's, aux
premieres personnes, & en quelques motz, qui
pour la continuelle, & longue suyte des ss con-
currentes, semblent vng peu durs à l'oreille,
quand i'entendray telle obseruation desplaire
aux lecteurs, ie prendray raison en payement,
& ne seray point heretique en mes opinions.
I'en dy autant de quelques mots cõposez, comme pié-sonnãt, porte-lois, porte-ciel, & autres,
que i'ay forgez sur les vocables latins, comme
cerue, pour bische : combien que ceruc ne soit
vsité en termes de vennerie, mais assez cõgnu
de noz vieux romãs. C'est pourquoy ne voulant tousiours contraindre l'escriture au commun vsage de parler, ie ne crains d'vsurper

quelquefois en mes vers certains motz, & lo-
quutions dont ailleurs ie ne voudroi' vſer, &
ne pourroi' ſans affectation, & mauuaiſe gra
ce. Pour ceſte meſme raiſon, i'ay vſé de gallées,
pour galleres : endementiers, pour en ce pādant :
iſnel, pour leger : carrolant, pour danſant , &
autres, dont l'antiquité (ſuyuant l'exemple de
mon aucteur Vergile) me ſemble donner quelque maieſté au vers , principalement en vng
lōg poëme, pourueu toutesfois que l'vſage n'en
ſoit immoderé. Ie retourne à la tranſlation du
quatrieſme de l'Eneide, que i'ay accompagnée
d'vne complaincte de Didon à Enée, immitée
ſur Ouide : ce que i'ay faict, tant pour la conti-
nuation du propos , que pour oppoſer la diuine
maieſté de l'vng de ces aucteurs à l'ingenieu-
ſe facilité de l'autre. I'ay encore adiouſté vng
epigramme d'Auſone , declarant la verité de
l'hyſtoire de Didon , pour ce qu'il me ſembloit
iñique , de renouueler l'iniure qu'elle a receu
par Vergile ſans luy reparer ſon honneur , par
ce qu'autres ont eſcrit à ſa louãge. Quand aux
œuures de mon inuention, ie ne les eſtimoi' dignes de ſe monſtrer au iour, pour comparoiſtre
deuāt ces diuins eſpris Tholozains, Maſcōnois,
& autres; ſentant mon ſtyle tellemēt refroidy,

*&altéré de sa premiere forme, que ie cõmence
moy mesmes à le descongnoistre : mais voyant
quelques miens escriz par vne infinité de co-
pies tellement deprauez, que ie ne les pouuoy,
ny deuoy laisser plus longuement en tel estat,
i'ay biē voulu en recuillir vne partie des moins
malfaictz : attendant l'entiere edition de tous
les autres, que i'ay deliberé (afin de ne mesler
les choses sacrées auecques les prophanes)
disposer en meilleur ordre, que deuant : les com-
prenant, châcun selon son argument sou' les
tiltres de* LYRE CHREST. *&* LYRE
PROPHA. *Ce pandant, ceux cy marcheront
les premiers, pour la protection desquelz, ie ne
les veulx dedier à plus ambicieuse faueur, qu'à
l'heureuse memoire de nostre immortelle amy-
tié instituée premierement par quelque bonne
opinion, que tu as voulu prendre de moy ; &
depuis entretenue par l'admiration de ta vertu, prudence, & doctrine, qui me contraignēt
(toutes les fois que ie contemple la philosophi-
que, & vray'ment Chrestienne œconomie de
ta maison) estimer ta fortune heureuse, qui t'a
pourueu d'vne femme si entieremēt conforme
à la perfectiõ de ton esprit : & d'vng tel amy,
que cetē incomparable lumiere des loix, & des*

lettres plus doulces MICHEL DE L'HO-
SPITAL : dont les singulieres vertuz louées
de toute la France, & particulierement admi-
rées de toy, & de tous ceux, qui sõt si heureux,
que de luy estre familiers, seroiẽt par moy plus
laborieusemẽt descrites , si ie leur pouuoy donner quelque grace apres l'inimmitable maï de
ce Pyndare François PIERRE DE RON-
SART, nostre commun amy : des labeurs du
quel (si l'Apollon de France est prospere à ses
enfentemens) nostre poëzie doit esperer ie ne
sçay quoy plus grand, que l'Iliade.

ODE DE DAMOIZ.

M. D. L. Haye. Sur les œuures
poëtiques de I. du Bellay, &
P. de Ronsard.

TA docte plume distilant
   Mesme liqueur, que la fonteine
Née au pié du cheual volant,
   Pousse au ciel sa bouillante veine:
Rechantant les doulx-tonnans vers,
   Qui de Mantoüe ont pris leur source,
   Pour sucrer par ruysseaux diuers
   Le bruyt de l'Angeuine course.
Qui lit ce, qui est recité
   De la Lyre Amphïonienne,
   Relise encor' vne cité
   Se bastir au son de la tienne.
Qui sent l'inimmitable vois,
   Que tonne la Thebaine gloire,
   Resente encor l'air Vandomois
   Bruyre d'Olympe la victoire.
Aussi de l'Esseul les deux bouz,
   Dessus lequel les neuf cieux tournent,
   Retournent la palme vers vous,
   Et de tous autres la destournent.

Le prix, ou Horace à tendu
  Sa Lyre, pour le penser prendre,
  D'autres en vain est attendu:
  Car à vous deux il se vient rendre.
L'vng reçoit par nostre orizon
  Le verd honneur de la couronne,
  Dont ia l'vne & l'autre maison
  Du soleil, son chef enuironne.
A l'autre l'OLIVE promet
  Apres sa mort vie immortelle:
  Et viuant desia hors le met
  De l'obscure tumbe mortelle.
          Desperans spero.

TH. SEB.

LE Mince enflé du vent de la doucine
  Chantant chez soy en ses accors parfais
Armes, amours, & leurs mortelz effais,
Feit vn grãd lac pour baigner son grãd Cyne.
  Le Tybre emeu de la douceur diuine
Hasta ses floz chenus & contrefais,
Pour la porter iusqu' aux peuples defais
Par les Cesars, ou mer & terre fine.
  Loir Vandomois, deborde: enfle toy, Loire:
Autour d'Angiers baignez en lac nouueau
Le Mantoüan Cyne en vous renaissant,

Roidy ton cours, Seine, & porte la gloire
Du sainct laurier a ta riue croissant
Iusques aux bouts de la terre & de l'eau.

❧ EIVSDEM AD IO.
Bellaïum.

Dum tu Mantŵi cantus imitaris Oloris,
   Ludere Mantŵus voce putatur Olor.
Dum canis ipse, tuos cantus imitarier vllus,
   Sed neque Mantŵus posse putatur Olor.

ROB. HAYVS DE I. BEL-
laio, & P. Ronsardo.

FRatres Pindaridas studet canoræ
  Quisquis carminibus Lyræ æmulari,
  Cera tentat adhuc volante, nomen
Vt de se vitreo mari relinquat.
Montes atque iterum nouo furore
Iungit montibus, & Dei tonantis
Fnlmen, perniciem suam, lacessit.
Multos Gallia nunc habet poetas:
Paucos Pindaridas, quibus sacrarit
Phœbus iudicio nouem Sororum.
Detractam capiti suo coronam.
Si surgat Macedo superbus, horum
Thersites fieri velit: poetæ
Ne sit alterius ferox Achilles.

EPIGRAMME DV
TRANSLATEVR.

ON VOID PLVS D'VNG MOQVEVR ENE'E,

ET PLVS D'VNE FOLE DIDON

COVVER LE FEV DE CVPIDON

DESOVBZ LES CENDRES D'HYMENE'E.

LE QVATRIESME
liure de l'Eneide de Vergile.

La fin du troizieme liure,

Ainsi Enée, vng chacun l'escoutant,
Alloit des Dieux les destins racontant:
Finablement, silence il s'imposa,
Et faisant fin, icy se reposa.

MAis ce pandant, la Roine ia blessée
D'vn grief souci, nourrist en sa pensée
Ce qui la blesse, & sent dedans ses veines
L'aueugle feu des amoureuses peines.
Mainte valeur, mainte Troienne gloire
Court, & recourt en sa promte memoire.
Là face aimée, & le parler aussi
Sont engrauez en son triste souci.
Et ne permet son penser ennuieux
Le doulx sommeil couler dedans ses yeux.
    Ia de Phebus la lampe retournée
Nous esclairoit la seconde iournée,
Et ia partoit du celeste seiour
L'humide nuit, fuyant l'aulbe du iour:
Lors qu'à sa sœur tesmoing de ses secretz
Ceste insensée ainsi fait ses regretz,

B.i.

Anne ma sœur, helas dont me suruiennèt
Tant de songers, qui douteuse me tiennent?
Qui est cet hoste, & nouuel estranger,
Qui s'est venu en noz palais loger?
Quel port il a ! ô que son hardi cœur
Montre qu'il est vng braue belliqueur!
Certes ie croy (& ma foy n'est point vaine)
Que telle race est des dieux la prochaine.
La peur descouure vng cœur abatardi.
O que cetui d'vng couraige hardi
A trauersé d'estranges destinées!
O qu'il chantoit de guerres terminées!
    Si ie n'auois fiché dans mon courage
De ne me ioindre à nul par mariage,
Depuis le temps que la mort m'a deceue
De l'amitié en moy premier conceue:
Si ie n'auoi' oublié tout desir
De retenter des noces le plaisir,
Ma volunté (possible ores peu caute)
M'eust fait tumber sou' cete seule faute.
    Ia ne te soit mon couraige caché
Anne, depuis que mon pauure Siché
Souilla noz Dieux par l'homicide main
De ce cruel nostre frere germain,
Ce seul ici a flechi ma pensée,
Ce seul ici mon ame ballencée

A esbranlé: ie reconnoi' les pas
Du premier feu de mes ieunes appas.

 Mais deſſou' moi plus toſt la terre fonde
Pour m'engloutir dedans la nuit profonde
Au plus obſcur de l'enfer odieux:
Plus toſt le roy des hommes, & des Dieux
Darde le feu de ſes fleches puiſſantes
Pour m'abiſmer aux vmbres paliſſantes,
Que ie te bleſſe, ou que par amour fole
O mon honneur, tes ſainēts droiēts ie viole.

 Celui premier, qui de moy s'acointa,
Auec' ſa mort mes amours emporta:
Luy ſeul les ait, & lui ſeul ait la cure
De les garder ſou' meſme ſepulture.
Ainſi parla, & ſes pleurs, qui coulerent
Soudainemet, ſa poitrine mouillerent.

 Anne reſpont. ô ſeur, qui m'es plus chere,
Que du beau iour la plaiſante lumiere,
Voudrois-tu bien d'vng eternel veuuaige
Vſer ainſi la fleur de ton ieune eage?
Et ne gouſter d'Amour les appetiz,
Ni la douceur de tes enfans petiz?
Croi'-tu vng tas d'ombres enſeuelies
Auoir ſouci de ces douces folies?

 Et ſoit ainſi, que ta freſche douleur
D'aucuns maris n'ait priſé la valeur,
      B. ij.

Ou soit d'Iärbe, à qui tu fis sentir
Ton fier desdain en Libye, & en Tyr,
Ou soit de ceux, que l'Aphricain bonheur
Tient esleuez en triumphe, & honneur:
Veux-tu encor' demeurer obstinée
Contre l'amour en ton cœur si bien née?
Songe'-tu point en quelle nation
Tu as esleu ton habitation?
De ce costé, Getulie indomtable,
Le fier Numide, & Syrte inhospitable,
De cetui la, la grand' plaine alterée
Des Barcëans, te rend mal asseurée.
Et que dirai des menaces cruelles
De nostre frere, & des guerres nouuelles,
Qui dedans Tyr s'esleuent contre toy?
Certes la main des Dieux, comme ie croy,
Auec' Iunon, ont sur les riues tiennes
Guidé le cours des nauires Troiennes.
　　Quelle cité tu verras se dresser,
O chere sœur! quel regne se hausser
Sou' tel mary! combien sou' telles armes
Ta nation sera braue aux alarmes!
Tant seulement offre aux Dieux sacrifice,
Et à ceux cy par hospital office
De s'arrester brasse l'ocasion,
En cependant que l'humide Orion

Trouble la mer, & le ciel mal traictable,
Choquant les nefz d'vng bruit espouentable.

    Par ces propos, du couraige enflammé
Elle a plus fort le desir allumé:
Elle asseura la pensée douteuse,
Et deslia la chasteté honteuse.

    Premierement, des temples consacrez,
Vont visiter les destours plus secrez,
Et requerir à l'entour des autelz
La saincte paix des benins Immortelz.
Puis ensuyuant les façons vsitées
Brebiz d'eslite ell' ont esgorgetées:
Sacrifiant à l'honneur de ces trois,
Bache, Apollon, & Cere porte-lois:
Iunon sur tous, qui les noces maintient.
Didon la belle en sa dextre soutient
Vne grand' couppe, & la liqueur espanche
Droict sur le front d'vne genisse blanche.
Ores des Dieux les autelz elle adore,
Et de presens chacun iour les honore,
Ores beant aux poictrines sanglantes,
Regarde au font des entrailles saillantes.

    Mais, ô l'abus des ignorans Deuins!
Las, qu'ont serui tant de temples diuins,
Et tant de vœuz à ceste furieuse?
En ce pendant la flamme doucereuse

Ronge ſes oz, & la plaie inſenſée
Secretement eſt viue en ſa penſée.

   La malheureuſe ardente, & furibonde
Court par la vile, errante & vagabonde,
Telle, qu'on voit dans les foreſtz de Crete
Par le long coup d'vne flèche ſecrete
La pauure Cerue euiter le berger,
Qui l'a bleſſée: alors d'vng pié leger
Lancée au cours, d'vne fuite diuerſe
Les Diĉtëans buiſſons elle trauerſe,
Et les foreſtz: mais la mortelle pointe
Luy eſt au flanc eternellement iointe.

   Ores, on voit, ainſi que forcenée,
Par la cité auec ſon cher Enée
Se pourmener l'amoureuſe Didon,
Qui de ſa vile, & de l'or de Sidon
Fait grande montre, & de parler s'appreſte,
Puis au milieu de ſon parler s'arreſte.

   Ores au ſoir ell' tente les moiens
D'ouir encor' les longs erreurs Troiens
Fole, qu'elle eſt: & ſur la meſme couche
Du racontant pend encor' à la bouche.

   Puis quãd chacun depart, & qu'à ſon tour
L'obſcurité vient embrunir le iour,
Et que les feux, qui d'enhault precipitent,
De tous cotez au ſommeil nous incitent,

En son palais, solitaire, & fachée
Dessu' son lict desert elle est couchée:
Elle oit, & voit, & tousiours se presente
L'amy absent, du quel elle est absente:
Ou elle tient Ascaigne, qu'elle embrasse,
Et baize en lui de son pere la grace,
Se parforçant de tromper en ce point
Le fol desir de l'amour qui la poingt.

 Plus vers le ciel les tours encommencées
Ne vont montant les armes sont laissées
De la ieunesse: & les pors, & rampars
Abandonnez montrent de toutes pars
Le peu de soing des futures batailles:
L'œuure imparfait des superbes murailles,
Et des palais le front audacieux
Ne taschent plus de s'egaler aux cieux.

 Mais tout soudain que la compaigne chere
De cetui-la, qui des Dieux est le pere,
Voit forcener telle peste enflammée
En cete cy, & que la renommée
Ne peut garder, que la fureur ne donte
L'effort premier de sa pudique honte,
De lui aider vgn desir la pressa,
Et par telz moz à Venus s'addressa.

 Vraiment & toy, & ton gentil enfant
Auez aquis vng butin triumfant,

D'auoir tous deux, ô diuinité haute!
Ainſi trompé vne femme peu caute.

    I'enten' aſſez, que pour ton filz ſongneuſe
Tu as eſté contre nous ſoupſonneuſe,
Et que tu crains qu'il ne reçoiue outraige
Entre les murs de ma fiere Carthaige.
Mais quelle fin prendra ceſte querelle?
Pourquoy plus toſt d'vne paix eternelle
N'exerçon' nous vng noçaige aſſeuré?
Tu as cela, que tant as deſiré.
Didon ſe bruſle, & de ſon mal enclos
Ia la fureur luy ſaccaige les oz.
Gouuernon' donc' cetuy peuple en commūn,
Et faiſon' tant, que des deux ne ſoit qu'vng:
Soit aſſeruie à vng Phrygien prince
Auec' Didon ſa dotale prouince.

    Venus reſpond (ſentant bien de Iunon
Le feinct parler, qui ne tendoit ſinon
A detourner le ſceptre d'Italie
Futur vainqueur d'Aphrique, & de Libye)
Qui eſt le fol ſi ardent de combatre
Qui aimaſt mieux par querelle debatre
Auecques toy, que t'accorder ces choſes?
Pourueu auſſi, que ce que tu propoſes,
Soit gouuerné par la fortune humaine:
Mais les deſtins me rendent incertaine,

Si Iupiter veult qu'vne ville assemble
Les Tyriens, & les Troiens ensemble:
Et qu'vng accord de commune alliance
Mesle ces deux en longue patience.
Toy son espouse, essaie par priere
A le flechir. va, marche la premiere:
Ie te suiuray. Iunon replique ainsi,

    Ie pren' sur moy tout ce labeur icy.
Or maintenant quel moyen fault tenir,
Pour à ce point de noces paruenir,
Si tu le veux entendre promtement,
Escoute moy, ie te diray comment.
Ton filz Enée, & ceste pauure lasse
N'aguere' ont fait entreprise de chasse,
Deliberez, auec' tout l'appareil,
Partir demain des le premier soleil.
Lors sur le point des plus secrez apprez
Et qu'on fera l'enceincte des forez,
Ie verseray dessus eux vne nue
Grosse de pluye, & de gresle menue,
Et par la voix d'vng eclattant tonnerre,
Feray trembler tout le ciel & la terre.
De toutes pars, oyant vng si grand bruit,
Chac un fuyra, couuert d'obscure nuit.
Moy qui presente à la fuyte seray,
Sous vng mesme antre alors i'addresseray

Auec' Didon le Troien capitaine:
Et si tu es de volunté certaine
En mon endroit d'amour bien ordonnée
Ie les ioindray sous les loix d'Hymenee.
Venus alors d'vng signe sans mot dire
La ruze approuue & s'en prent à sourire.

Endementiers l'Aurore se leuoit
De l'Ocëan, & auec' elle on voit
Sortir aux champs les plus deliberez.
Larges espieux, toiles, pantes de rez,
Meutes de chiens, piqueurs Massiliens
Marchent espais. les seigneurs Libyens
Deuant sa porte attendent la Princesse,
Qui se leuoit d'vne lente paresse.
Couuert de pourpre, & d'or à l'auenant
Se tient debout le hardi pié-sonnant,
Qui fait le braue, & de sa bouche humide
Masche le frein de l'escumeuse bride.

Finablement elle marche dehors
A grande suyte, aiant autour du cors
Le riche honneur d'vng manteau Tyrien
Ouuré en rond à poinct Sydonien:
La trousse au col, & ses cheueux deliez
Au tour du chef mignardement liez
D'vng neu doré: sa robe purpurée
Se retroussoit d'vne agrafe dorée.

Les Phrygiens, & le gaillart Ascaigne
Fort brauement marchent par la campaigne:
Enee aussi, qui tous autres efface,
Se ioint à eux compaignon de la chasse.

Tel, qu'Apollon au regart se presente,
Lors qu'il depart de Licye, & de Xante,
Pour visiter sa Dele maternelle.
A son retour le bal se renouuelle,
Et à l'entour des autelz, qui sont ceinct
Du Chœur sacre, les Agathyrses peincts
Vont carrolant par fremissantes troppes
Entremeslez de Cretes, & Dryopes.

Luy, sur le haut du couppeau Cynthien
Marche à long pas, & d'vn doré lien
Pressant son chef de rameaux nouuelez,
Noüe à l'entour ses cheueux crespelez,
Qui molement contreual s'abandonnent.
Ses traictz aussi sur ses espaules sonnent:
Non moins que luy, gaillard marchoit Enée,
Tel est le port de sa grace bien née.

Puis quãd on feut hors des larges cãpaignes,
Sur le plus haut des vmbreuses montaignes,
Et au plus creux des forez mal voyées,
Voicy tymber les bisches desuoyées
Par les rochers, courant deça, dela:
D'autre coste par les champs se mesla

Des cerfz legers la grand' bande paureuse,
Laissant les mons d'une fuyte poudreuse.

Le gay Ascaigne au plain de la valée
Son fier cheual pique à bride aualée,
Et peu rusé au mestier de la chasse
Ores ceux cy, & ores ceux la passe:
Desirant fort vng escumeux Ranger
Par les troppeaux timides se ranger,
Ou contre luy descendre en rugissant
L'aspre fureur d'vng lyon blondissant.

Pandant, le ciel en murmurant se mesle
De tourbillons, & de pluye, & de gresle:
Les Tyriens, & Troiens egarez,
Ascaigne aussi, par la peur separez
Vont au couuert, & des croppes hautaines
Les fiers torrens s'eslancent par les plaines:
Et sur ce poinct, mesme cauerne assemble
Didon la belle, & le Troien ensemble.

Premierement, la terre nourriciere
Donna le signe, & Iunon la Nociere:
Des feuz aussi l'infortuné presaige
Se monstre en l'air coupable du noçaige:
Et des sommez mainte nymphe etonnée
Par hullemens à chanté l'Hymenée.

Ce iour premier feut la cause, & le chef
Et de la mort, & de tout le mechef:

Car ia Didon de son honneur tumbée,
Ne songe plus vne amour desrobée:
Plus ne luy chault de ce que l'on dict d'elle:
Ce qu'elle a fait, mariage elle appelle:
Et pense bien, que ce nouueau peché,
Dessous tel nom soit finement caché.

Soudainement la viste Renommée
Par les citez de Libye est semée:
La Renommée à l'aile vagabonde,
Le plus promt mal qui soit en tout le monde,
Et dont le cours au partir foible & lent,
Au cheminer se faict plus violent.

A sa naissance elle est craintiue & basse,
Puis tout soudain reprent cœur, & audace,
Marche sur terre, & fiere deuenue,
Cache son front en l'obscur de la nue.

La Terre mere aprement courroussee
Contre les Dieux, apres la mort de Cee
L'vng de ses filz, & d'Encelade aussi,
(Comme l'on dict) enfanta ceste cy,
Qui court leger, & vole encores mieux:
Mostre superbe, horrible, & tout plein d'yeux,
Yeux, qui iamais de veiller ne se faschent
Dessous autant de plumes, qui les cachent:
Auec autant de bouches, & de langues
Cet importun babille ses harangues,

Et dreſſe encor' (ô eſtranges merueilles)
De tous coſtez, pareil nombre d'oreilles.

Toute la nuit diuerſement il erre
Parmi le ciel, & l'vmbre de la terre,
Sifflant de l'aile, & ſon voler diſpos
Ne ſent iamais la douceur du repos.
Durant le iour, ſur les toicts il ſe plante,
Ou ſur les tours : adonc' il eſpoüante
Les grand's citez, & d'affermer eſſaye
Autant le faulx, que la parole vraye.

Ce monſtre alors par les peuples chantoit
Ce qu'eſtoit fait, & ce que fait n'eſtoit :
Eſtre venu de Troienne lignee
Nouuellement ie ne ſcay quel Enee,
Que pour mary à bien daigne choiſir
Didon la belle : & que d'vng long plaiſir
Paſſent l'hyuer aux preſens qu'amour donne :
Sans auoir ſoing de ſceptre, ni couronne.

Ceſte vilaine en tous ceux, qu'elle attouche,
Eſpand ainſi le venin de ſa bouche :
Puis vers le prince Iärbe ſe retire,
Et allumant ſon cœur d'vne grand' ire,
Emmoncela dedans ſa fantaiſie
Mile fureurs d'ardente ialouzie.

Cetuy cy né de la race Ammonide,
Qui efforça vne Garamantide,

Auoit basti en cent prouinces amples
A Iupiter cent autelz, & cent temples:
Luy consacrant le feu, qui iour & nuit
Deuant les Dieux eternellement luit:
Du sang aussi, qui des bestes issoit,
Le gras paué du temple rougissoit:
Et feut encor' en plus de cent couleurs
Le soil couuert de chappelez de fleurs.

Luy donc esmeu d'vne fureur mortelle
Pour le rapport de si triste nouuelle,
Par les autelz des Dieux, qu'on va priant,
A Iupiter s'alloit humiliant,
Les yeux au ciel, & à mains renuersées
Auoit ainsi ses plaintes addressées.

O tout-puissant! ô Dieu, que la gent More
Sur les liéts peinéts deuotement adore
En repaissant, & te sacrant l'honneur
Des sainétz presens, dõt Bacche est le dõneur!
Voy-tu cecy, ô Pere? ou si tes mains
Sont pour nëant la crainte des humains?
Donques en vain noz couraiges s'estonnent
Des feuz secretz, qui par les nues tonnent?

Vne estrangere entre nous abordée,
Qui de nouueau vne vile a fondée
A petit prix: à laquelle en seruage
Auons donné le sablonneux riuage

A labourer:& qui prent accroiſſance
Deſſou' les loix de noſtre obeiſſance,
Nous a laiſſez, pour ſe donner en proie,
Entre les bras d'vng fugitif de Troie.
Et maintenant iouiſt de noſtre bien
Ce beau Paris, ce mitré Phrigien,
Tout parfumé entre ces demis-hommes :
Nous ce pandant, qui aux prieres ſommes,
Te preſenton' les mains d'offrande' pleines,
Et nous paiſſon' de ces louange' vaines.

　Priant ainſi, Iupiter l'entendit,
Et tout faché ſon regard eſtendit
Sur la cite, ou ces amans viuoient,
Qui leur bon bruit en oubly mis auoient.
Adonc' Mercure à ſoy venir il mande,
Et par telz motz ſon plaiſir luy commande:
　Va mon filz, va, esbranle tes eſſelles,
Huche les vens, coule deſſus tes aïles,
Et parle ainſi au duc Dardanien,
Qui enfermé du mur Sydonien
Ne ſonge plus, ni à ſes deſtinees,
Ni aux citez pour luy determinees,
　Ce ne ſont pas les propos que Venus
De ſon cher filz m'a n'agueres tenus,
Et pour cecy ne l'a ſauue des armes
Ia par deux fois, entre les Grecz gendarmes:

Ains m'asseuroit, qu'en l'Italique terre
Grosse d'empire, & superbe à la guerre
Du sang Troien le nom replanteroit,
Qui sou' ses lois le monde rangeroit.

S'il a du tout chassé de sa memoire
Si riche espoir, & si pour 'le gloire
Ne daigne plus faire ent. prise nulle,
Pourquoy est-il enuieux sur Iülle?
Qui doit ieter aux Italiques plaines
Le fondement des fortresses Romaines.
Qu'entreprent-il, ou espere parmy
Ce peuple icy, qui luy est ennemy?
N'a-il plus soing des champs Lauiniens,
Ni de l'honneur de ses Ausoniens?
Or sus, qu'il voise à son premier desir,
Et naige tost, car c'est nostre plaisir.

Il auoit dict: & le Dieu messager
Soudainement feut promt à desloger.
Il noüe aux pieds ses riches talonnieres,
Qui par le vent de leurs plumes legeres
Le vont portant à course vagabonde
Plus tost sur terre, & plus tost dessus l'onde.
Il prent sa verge, & cete verge est celle,
Dont icy hault les ombres il appelle
Des tristes lieux, ou bien les y conuoye:
Auecques elle en noz yeux il enuoye

C.i.

Ores le somme, & ores le reueil,
Ores les clost d'vng eternel sommeil:
Par elle encor' chasse vents, & orages,
Et à son gré trauerse les nuages.

Ainsi en poinct, ce messager ailé
En peu de tems a tellement volé,
Qu'il voit d'Atlas les haux flācz, & le feste,
A qui le ciel repose sur la teste:
Le dur Atlas de pins enuironné,
Et dont le chef sans cesse couronné
D'obscurs brouillars, est agité souuent
De tourbillons, & de pluye, & de vent.
De nege aussi ses espaules se cachent:
De son menton les fiers torrens se laschent
Sur sa poitrine: & d'vne humeur glacée
Sa rude barbe est tousiours herissée.

Droict au sommet du Mauritanien
Se va percher l'aïlé Cyllenien,
Et puis de là par grande violence
La teste en bas sur les ondes s'eslance:
Tel, que l'oizeau, qui d'ailes marinieres
Nage à l'entour des roches poissonnieres,
Raze la mer, & d'vng tour, & retour
Va ba-uolant des riues tout au tour.

Non autrement ce messager isnel
Abandonnant son ayeul maternel,

Entre deux airs à basses ailes fent
Des Libyens les sablons, & le vent.

　Incontinent que d'vne ailée plante
Sur le sommet des loges il se plante,
Il voit Enée ententif à l'ouurage
Et des maisons, & des tours de Carthage.
Son Cymeterre en arc se flechissant
Feut esmaillé de iaspe iaunissant,
Et son manteau, qui du col deualoit,
De pourpre esleu par tout etinceloit,
Pourpre de Tyr, que d'vne main non chiche
Auoit ouuré cete Princesse riche
Pour son Enée: & si auoit encor'
Entretyssu les toiles de fin or.

　Lors dist Mercure, Ainsi donc desormais
Les fondemens de Carthage tu metz:
Ainsi te plaist par la main du maçon
Elabourer d'vne exquise façon
Ta belle ville, ô nouueau marié!
Qui as l'honneur de ton regne oublié.

　Mais cetuy la, qui des Dieux est le pere,
Dont le pouuoir ciel, & terre tempere
M'a commandé descendre promtement,
Et t'apporter par l'air ce mandement.
Que songe'-tu? ou sur quelle esperance
Fai'-tu icy tant longue demeurance?

Si pour l'honneur de tant de belles choses,
Si pour ton nom entreprendre tu n'oses
Aucun labeur, au moins que ta memoire
Regarde Iülle, & sa naissante gloire,
Dont les neueuz seront de main en main
Chefz d'Italie, & du peuple Romain.
Ainsi disant, à my-parler s'enfuit,
Et comme vent en l'air s'esuanoüit.

　　Mais le Troien tremblant à cete fois
D'vng tel regard, perdit couraige & vois,
De grand' horreur son poil se herissa,
Et son gozier sa parole pressa.
Il est ardant de s'en fuïr grand erre.
Et de laisser cete tant douce terre:
Car son esprit s'estonne grandement,
D'auoir ouy si haut commandement.

　　Helas comment, ou par quelle finesse
Osera-il aborder la Princesse
En sa fureur? comment pourra sa langue
Se desplier à si triste harangue?
Deçà delà son penser agité
Est d'vne part, & de l'autre incité
Diuersement, & va d'vng leger cours
Par mile auis, & par mile discours.
Finablement ses ballancez esspris
A ce conseil, pour le mieux, se sont pris.

Soudainement il appelle Meneſte,
Le fort Cloänte, & encore Sergeſte.
Leur commanda les vaiſſeaux appreſter,
Les compaignons ſur le port arreſter,
Couuertement trouſſer tout le bagage,
Et de tenir ſecret le nauigage.

Luy, ce pendant que la Princeſſe humaine
De ſes amours ſe tiendra plus certaine,
Tentera l'heure, & le tems plus diſpos,
Pour entamer vng ſi triſte propos.
Ainſi commande, & eux, qui feurent preſtz,
Ioyeuſement dreſſent tous leurs appreſtz.

Mais la Princeſſe (& qui peut deceuoir
Vng cœur amant?) alla ſoudain preuoir
Toute la ruze, & premiere s'auiſe
Subtilement du fait de l'entrepriſe.
Du plus certain elle eſt touſiours douteuſe,
Rien ne l'aſſeure: & la fáme impiteuſe
Luy va conter que la fuite ſe dreſſe.

La Roine adonq', que la fureur oppreſſe,
Pauure d'eſprit, s'en va courant les rues,
Telle, qu'on voit les Thyades eſmues,
Lors que le iour de Bache on renouuelle,
Et que de nuit Cytheron les appelle.
Finablement Enée ell' deuança,
Et par telz motz ſes plaintes commença,

O desloyal! as tu bien proiecté
En ton esprit si grand' meschanceté,
Que de vouloir d'vne pariure foy
Subtilement te desrober de moy?
Donq' ni l'amour, ni la dextre donnée,
Ni ta Didon à la mort condamnée
Ne t'ont esmeu? mesmes tu veux parmy
Les Aquilons, & sou' l'astre ennemy
Hausser la voile. & quoy? homme leger,
Si vne terre, & vng peuple estranger
Tu ne cherchois, & si l'antique Troie
Des Grecs souldars n'eust point esté la proie,
Troie pourtant seroit-elle cherchée
Parmy les floz d'vne mer si fachée?
Me fuis-tu donq? par ces pleurs, & ta dextre,
(Puis qu'autre chose en moy plº ne peut estre)
Par nostre Hymen, & si quelque plaisir
Content a onq' ton amoureux desir,
Regarde, helas, cete pauure maison:
Et si vers toy encor' est de saison
Quelque prier, ie te prie & supplie,
Que ton esprit ceste pensée oublie.
　　Pour toy ie suis aux Libyques prouinces
Faite haineuse, & aux Nomades princes:
Pour toy aussi le Tyrien m'honnore
Moins que deuant: & pour toy mesme' encore

Est aboly cet honneur, & ce nom,
Qui egaloit aux astres mon renom.
Helas, à qui, pour me donner confort,
Me laisse-tu si proche de la mort?
O l'hoste mien! puis que ta vaine foy
Ne m'a laissé quelque autre nom de toy.
Qu'atten'-ie plus? que mon cruel Germain
Ceste cité saccaige de sa main?
Ou que ie soi en triomfe rauie,
Au prince Iärbe esclaue, & asseruie?
Si i'eusse au moins de toy quelque lignée
Auant ta fuyte, & qu'vng petit Enée
Iöuast à moy, dont seulement la grace
Me raportast quelques traictz de ta face,
Vray'ment encor du tout en ma pensée
Ie ne seroi' captiue, ni laissée.

Elle auoit dict. mais luy epoinçonné
Du mandement par Iupiter donné
Regardoit ferme, & domter s'efforçoit
Secretement le mal, qui le pressoit.
Finablement, sa response feut telle
En peu de motz. O Royne! tu es celle,
Dont tant de biens que tu m'as ramentus,
Iamais de moy ne pourront estre teus:
De moy, par qui la memoire d'Elize
En nonchaloir ne se verra point mise,

Tant que mon cœur de moy se souuiendra,
Et que mon ame en mon cors se tiendra.
Tant seulement vng peu ie parleray
De ce, qui s'offre. onques ie n'esperay
Par vne fuite eschaper hors d'icy :
Et ne fault point, que tu la nomme' ainsi.
De mariage onq' propos n'ay tenu :
Et pour cela ne suis-ie icy venu.

    Si les destins vouloient, qu'a mon plaisir
Ie peusse viure, & suiure mon desir,
J'abiteroi' la vile, ou sont enclos
De mes ayeulx les cendres, & les oz.
Du roy Priam la demeure superbe
N'eust demouré si longuement sou' l'herbe,
Et eusse encor' aux vaincuz Phrygiens
Re'difié les Pergames Troiens.

    Mais Apollon Grinëan me commande
De faire voile en l'Italie grande :
C'est son oracle, & le fort Lycien
Veut que i'aborde au port Ausonien :
Voyla mon bien, voyla mon heritage.

    Si tant te plaist la cité de Carthaige,
Bien qu'elle soit en terre Libyenne,
Et que tu sois de gent Phenicienne,
Dea que te chault, si par nous est vnie
Au sang Troien la race d'Ausonie?

On ne doit pas donques nous reprocher,
Si nous voulon' terre estrange chercher.
Toutes les fois, que la nuict froide & sombre
Ce bas seiour ceuure d'vne obscure ombre,
Toutes les fois, que les astres brulans
Iettent sur nous leurs yeux etincelans:
L'esprit troublé de mon cher pere Anchise
En mon dormant haste mon entreprise.
Ascaigne aussi, que ie priue d'Itale,
Son vray dommaine, & prouince fatale,
Me touche au cœur, & tousiours m'amoneste
L'affection d'vne si chere teste.
    N'aguere' encor' le truchement des cieux
Transmis vers moy par le pere des Dieux
(Et l'ung, & l'autre à tesmoing i'en appelle)
M'en a par l'air apporté la nouuelle
Iusques icy. sa mesme deité,
Lors qu'il entra dedans cete cité,
Visiblement à mes yeux se monstra,
Et sa parole en mon oreille entra.
Or cesse donq' par si fort lamenter
De toy & moy ensemble tormenter.
Pour mon plaisir certes ie ne desplie
La voile au vent, à suiure l'Italie.
    Parlant ainsi, elle qui de trauers
Le sou'-guignoit, d'vng pensement diuers

Tourne sur luy ses yeux deça dela:
Puis en fureur finablement parla,
    Tu n'es point né d'vne Déesse mere,
Quiconques sois, & Dardan le grand-pere
Onques ne feut de ton lignaige autheur,
O desloyal, & pariure menteur!
Mais bien Caucaze en quelque roche dure,
A qui tu es semblable de nature,
T'a engendré: & croy, que ta ieunesse
Sucça le laict d'vne Hyrcane Tygresse.
    Que fein'-ie plus? ou quelle plus grãd' chose
Demeure encor' en ma pensée enclose?
Voyez s'il a gemy de nostre dueil,
Voyez s'il a seulement flechi l'œil,
S'il a pleuré, ou s'il a pris pitié
De la fureur d'vne telle amitié.
Que doi-ie doncq' eslire pour le mieulx?
Desia desia de pitoyables yeux
Ne daignent plus considerer cecy
Iunon la grand', ni Iupiter aussi.
    La foy n'est plus en ce monde asseurée.
Dedans mon port, ô pauure malheurée!
Ie l'ay receu errant, & miserable,
Luy faisant part de mon sceptre honnorable.
Ie l'ay logé, & du peril des eaux
I'ay garanty ses hommes, & vaisseaux.

O la fureur d'vne brulante rage,
Qui maintenant tranſporte mon courage,
Voicy les ſorts, voicy Phebus l'augure,
Voicy apres l'ambaſſadeur Mercure,
Qui parmy l'air aporte à cete fois
De Iupiter l'eſpouantable vois.
Donques les Dieux volũtiers ont beſoing
De ce labeur: c'eſt voluntiers le ſoing,
Qui de leur aize empeſche le repos.
Va, ie ne veux deſtourner ton propos.
Suy l'Italie, & par floz, & dangers
Cherche l'honneur des regnes eſtrangers.
   I'eſpere bien, ſi la bonté diuine
Au iuſte dueil de mes plaintes s'incline,
Que les rochers, & ondes irritées
Seront vng iour tes peines meritées,
Et que ſouuent tu nommeras Didon.
Ie te ſuiuray par le fumeux brandon
De tes fureurs: & puis quand la mort froide
Aura ce cors eſtendu palle, & roide,
Mon ombre encor' te ſuyura pas à pas.
I'oiray ta plainte. & ſou' les enfers bas
Viendra le bruit de ta peine endurée
Pour le forfaict de ta foy pariurée.
   Apres ces mots, d'vng deſpit, & grãd' ire
Elle s'arreſte au milieu de ſon dire,

Fuit la presence,& la clarté du iour,
Et se retire en son priué seiour,
Laissant celuy que la peur faisoit taire,
Et qui vouloit mainte excuse luy faire.
Elle se pasme,& ses membres faillis
Sont par les mains des femmes recueillis,
Puis tout soudain molement on l'incline
Sur les tapiz de sa chambre marbrine.

  Mais ce pandant, le bon Prince Troien,
Bien qu'il cherchast voluntiers le moyen
De l'adoucir,& par quelque parler
Humainement sa plainte consoler
Pour la grandeur de l'amour qui l'estreinct,
Le veueil des Dieux toutesfois le contrainct
De la laisser,& se tirer au port
Ou les Troiens arrangent bort à bort
Les grands vaisseaux la nef regouildronnée
Aux ondes ia se sent abandonnée.
Vous les voyriez apporter des forez
Troncqs,& rameaux vous les voyriez apres
Hors la cité courir à grande suite,
Si fort les poingt le desir de la fuite.

  On voit ainsi les formiz voyager,
Pour vng grand tas de frument saccager,
Lors que le soing de l'hyuer qui s'appreste,
Les a contraincts de se ieter en queste.

Le noir troppeau par les champs se presente:
Les vngs par l'herbe, & par estroicte sente
Portent leur proye, & les autres moins fors
A la pousser mettent tous leurs effors,
Hastent ceux cy, & assemblent ceux la,
Tout le chemin en fume ça & la.

Quel esprit lors Didon, te demeura,
Ou quelz sangloz ton cœur en souspira,
Quand ton œil vid du sommet d'vne tour
L'espez sablon poudroyer à l'entour
De ton riuage, & la mer se mesler
le grand bruit, qui s'esleuoit en l'air?
Meschant Amour, ô que ta force est grande
Sur les espris, ou ton pouuoir commande!

Elle est encor' de descendre contrainte
En noueaux pleurs, & noulle complainte,
Pour amolir cet Amour endurcy,
Et veut encor' se mettre a sa mercy:
A celle fin, que rien ne luy demeure
A essaier, puis qu'il faut, qu'elle meure.

Anne, tu vois la fuite s'auancer,
Tu vois au mast la voile se hausser,
Chacun s'appreste, & ia les gayes trouppes
Des mariniers ont couronné les pouppes.
Si i'ay bien peu ce grand dueil esperer,
Ie pourray bien, chere sœur, l'endurer:

Et toutesfois ie te supply' de grace,
Que ta pitié ce seul plaisir me face.
Car toy sans plus le traistre carressoit,
Et ses pensers plus secrez t'addressoit:
Toy seule encor' sçauois l'heure opportune
De l'aborder, sans luy estre importune.
Va donq' ma sœur, cete requeste faire
A ce hautain, & superbe aduersaire.
Au port d'Aulide, auec' les Grecz gendarmes
Ie n'ay iuré de ruiner par armes
Les murs Troiens, & n'y ay pas transmis
A cete fin mes vaisseaux ennemis:
D'Anchise aussi par fureur aueuglée
Ie n'ay la cendre en l'air esparpillée.
Pourquoy est donq' cet homme impitoyable
A mes priers si dur, & mal ployable?
Qu'il done au moins, pour vng ample guerdõ,
A cete amante vng extreme, & seul don.
Attende vng peu, que la mer appaizée
Luy ait rendu sa fuyte plus aizée.
　　Ie ne luy veux du noçaige parler,
Qu'il a osé laschement violer,
Et ne quiers pas qu'auec' nous il s'allie,
Pour se priuer de la belle Italie:
De requerir sans plus ie suis contente
Le vain plaisir de quelque briefue attente.

Attende donc', que mon triste malheur
Ait conuerty ma furie en douleur,
Et que le temps m'ait appris la science
De me douloir auecques patience.
Voila, ma sœur, l'extreme, & le seul bien,
Que ie requiers: & dont, si ie l'obtien',
Ie ne fauldray à bien te satisfaire,
Et deust ma vie en estre le salaire.

Ainsi Didon ses prieres faisoit:
Et tous ces pleurs disoit, & redisoit
La triste sœur: mais l'oreille d'Enée
Se fait tousiours plus sourde, & obstinée:
Car son destin, & Iupiter vainqueur
Ont endurcy la pitié de son cœur.
Et tout ainsi que les freres du Nord
Alors qu'ilz font d'arracher leur effort
Comme à l'ennuy, par souflers excessifz
Vng chesne vieil sur les Alpes assis.
Croulent son tronq d'vne horrible menace,
Et de fueillars pauent toute la place:
Luy ce pendant, qui la fureur soustient,
Dessus vng roc immobile se tient,
Et vers le ciel autant sa teste dresse,
Comme aux enfers sa racine il abaisse.

Non autrement par importunes larmes
Ce grand Seigneur soustient diuers alarmes.

Deça dela, & son graue souci
Presse au dedans vng regret adouci.
Le cœur est ferme, & les pleurs espanduz
Coulent en vain sans profit despenduz.

Ores Didon la pauure malheureuse,
Par les destins horriblement paureuse
Requiert la mort, & luy est ennuieux
De regarder la grand' voute des cieux.
Et ce qui fait, qu'elle a plus grand enuie
D'abandonner cete commune vie,
C'est, qu'en offrant les dons accoutumez,
Sur les autelz sainctement parfumez,
Elle apperçoit, ô chose horrible à croire!
L'eau consacrée estre de couleur noire:
Et voit encor, que les vins espanchez
De sang meurtri, sont noirciz & tachez.
Elle sans plus s'apperceut de cela,
Qu'à sa sœur mesme onques ne reuela.

Vng autre signe encor l'espouantoit:
C'est, qu'au dedans de son palais estoit
A son mary antique dedié
Vng temple sainct de marbre edifié,
Qu'elle honnoroit de toizons blanchissantes,
Et l'vmbrageoit de fueilles verdissantes.
De la sortoient ie ne sçay quelles vois,
Et luy sembloit entendre quelque fois

De son mary la voix, qui l'appelloit,
Lors que la nuict du ciel se deualoit.
Elle oit encor' sur le haut du repaire
Se lamenter le Hybou solitaire:
Et au milieu des nocturnes tenebres
Trayner en long ses complaintes funebres.
Puis des Deuins les responses terribles
De plus en plus par menaces horribles
L'espoüantoient: & quand il anuytoit,
Le fier Enée en songe l'agitoit.
Tousiours luy semble estre seule egarée
En son dormant: & des siens separée
Par longs sentiers chercher à grande peine
Ses Tyriens en la deserte plaine.

Comme Panthée alors que son erreur
Voit des Fureurs l'espoüantable horreur
En vng troupeau, & qu'à ses yeux il semble
Voir deux soleilz, & deux Thebes ensemble.
Ou tel, qu'on voit le filz d'Agamemnon,
(Qui maint théatre a rempli de son nom)
Alors qu'il fuyt de sa mere enflammée
Les noirs serpents, & la torche allumée:
Et qu'à sa porte est assize sans cesse
Des trois Fureurs la bande vangeresse.

Donques apres qu'elle a conceu la rage,
Et arresté la mort en son courage,

Elle discourt & le tems, & la forme
D'executer ce conseil tant enorme:
Couure son cœur sous vng visaige feinct,
Et serenant son front d'vng nouueau teinct
Par vng espoir, qu'au dehors elle porte,
Sa triste sœur aborde en telle sorte.
I'ay descouuert (resiouis-toy ma sœur
Auecques moy) vng moyen promt, & seur
Pour ce cruel à mon amour attraire,
Ou pour du tout de l'amour me distraire.
Pres du riuage, ou le tombant soleil
A chef courbé se retrouue au sommeil,
Vne gent More au derniers lieux se tient,
La, ou Atlas le porte-ciel soustient
L'ardent esseul, sur lequel va roulant
Des astres clers le chariot brulant.
De la, i'ay veu vne vieille prestresse
Massilienne, habile enchanteresse,
Garde du temple aux Hesperides sœurs,
Qui du miel espandant les douceurs,
Et les pauoz, qui vont les yeux charmant,
Souloit nourrir le dragon non dormant:
Et si gardoit sur les branches sacrees
Le riche honneur de leurs pommes dorees.
    Elle promet par ses vers enchantez
Rendre les cœursde l'amour tormentez,

Ou deſlier les captiues penſées,
Qui de l'amour ſe trouuent offenſées:
Arreſter court des fleuues la carriere,
Et deſtourner les aſtres en arriere.
Tu luy verras par ſes vers murmurez
Tirer de nuiét les eſpris coniurez,
Mugler ſou' toy les tremblantes campaignes,
Et deualer les freſnes des montaignes.
Par tous noz Dieux ſainétement ie t'aſſure,
Et par ton chef bien aimé ie te iure,
O chere ſœur! qu'outre ma conſcience
De l'art magiq' ie fai' l'experience.

　　Toy, ſans mot dire, au lieu le moins ouuert
De ce palais, fay moy au deſcouuert
Dreſſer en poincte vng grand amas de bois:
Et metz deſſus les armes, qu'autrefois
Pres de mon liét laiſſa ce deſloyal,
Les veſtemens, & le liét nuptial,
Par qui ie meurs: car la preſtreſſe veut,
Que tout cela, qui repreſenter peut
Le ſouuenir de cet homme cruel,
Soit effacé d'oubly perpetuel.
Elle ſe teut: & ſa coupable audace
En meſme inſtant luy fait palir la face.

　　Anne pourtant ne croit, que la Princeſſe
De ſon treſpas le ſacrifice dreſſe,

                              D. ij.

Ou qu'elle foit maintenant plus fachée
Qu'au parauant par la mort de Sichée,
Elle ne peut en fon cœur conceuoir
Si grand' fureur:parquoy fait fon deuoir
D'executer ce,qui luy eft enioinct.
Mais quand Didon,qui entendoit le poinct,
Secretement voit la pyle dreßée
De boys gommeux,& d'ieuze entaßée,
De chappelez le lieu elle enuironne,
Et de rameaux de cyprez le couronne.
Apres elle a fur le lict agenfé
Les veftemens,& le glaiue laißé
Auec' l'image,& le protrait d'Enee:
Toute la place eft d'autelz entournee.
　Alors Didon la preftreße nouuelle
Bien troy'-cent Dieux à haulte voix appelle
Efcheuellee,& par horribles moz
Inuoque außi l'Erebe,& le Cäos.
Puis d'Hecate troy'-foy'-iumelle encore'
Deuotement les trois fronts elle adore,
En efpanchant quelques eaux deguizées,
Qu'elle feinct d'Auerne auoir efté puyzées.
Et puis on va,pour la faire bouillir,
L'herbe nouuelle a la lune cuillir,
Auec' le fuc du noir venin terrible.
On cherche außi cete apoftume horrible,

Que des cheuaux les meres vont succçant
Deſſus le front de leur poulain naiſſant.

    Elle tenant la tourte en ſa main pure,
L'vng des piedz nud, la robe ſans ceincture,
Va proteſtant à l'entour des autelz
Les feuz du ciel, & les Dieux immortelz,
Coupables ſeulz du triſte ſacrifice:
Et ſ'il y a au ciel quelque iuſtice,
Qui des amans mal traictez, ayt le ſoing,
Didon encor' l'en appelle à teſmoing.

    Il eſtoit nuict: & les membres laſſez
D'vn plaiſant ſomme eſtoiët tous embraſſez.
Sans bruit eſtoient les plaines, & les boys,
Et feut la mer paiſible à cete fois.
C'eſtoit au poinct, que ia la nuit voylee
Tient le milieu de ſa courſe eſtoilee,
Quand ſur la terre, en l'air, & ſur les eaux
Beſtes des champs, & poiſſons, & oizeaux
Enſeueliz d'vng ſommeil adouci
Charment du iour le trauail, & ſouci.

    Mais non Didon la triſte infortunée,
Qui de regrez ſans ceſſe importunée
Ne ſent iamais gliſſer dedans ſes yeux,
Ny en ſon cœur le doulx preſent des cieux.
Son mal redouble, & ſon feu renaiſſant
Se fait touſiours plus ſuperbe, & puiſſant.

                D.iij.

De son courroux la chaleur tressaillante
Fait ondoyer sa poitrine bouillante,
Et en son cœur sans loisir, ni repos
Va retournant tous ces diuers propos.

   Las, que feray-ie ô moy pauure laissée!
Doi'-ie chercher ceux, qui m'ont pourchassée?
Et requerir les Nomades maris,
Qu'du parauant i'ay tant mis à mespris?
Suiuray-ie donq' le Troien partement
Esclaue, & serue à leur commandement?
Pource qu'ilz ont amplement guerdonné
Le bon secours, que ie leur ay donné:
Et que iamais par vng ingrat vouloir
Noz vieulx biesfaictz n'ot mis en nochaloir.

   Mais qui voudra (feins que ie le desire)
Me receuoir compaigne en sa nauire?
Permettront bien ceulx la, qui m'ont moquée,
Qu'auecques eux ie puisse estre embarquée?
Ne congnoi'-tu encor' fole Didon,
Le traistre sang du fin Läomedon?
Et bien pourtant? seule par tant de floz
Suiuray-ie donq' les ioyeux matheloz?
Ou si i'auray auec' toute ma suyte
Les Tyriens compaignons de ma suyte?
Ceux, que i'ay donq' arrachez à grand' peine
Hors de Sydon, faut-il que ie les meine

Auecques moy, efprouuer fi fouuent,
La cruauté des ondes, & du vent?
Meurs plus toft, meurs, digne de ce malheur:
Et par le fer deftourne ta douleur.

O chere feur, que mes pleurs ont troublée,
Par toy ie feu premierement comblée
De tant d'ennuiz: c'eft toy, par qui ma vie
A ce cruel feut premier afferuie.
Que n'ay-ie peu, comme les animaux,
Viure feulette exempte de ces maux?
Ie n'euffe pas telle faulte commife:
Et euffe mieux gardé la foy promife
A mon Sichée. Ainfi en fes fecrez
Didon alloit fangloutant fes regrez.

Enée adonq' en vne haute nef
Au doulx repos auoit courbé le chef,
Ayant dreffé, pour nager promtement,
Tout l'appareil de fon embarquement.
Voicy le Dieu fous vng mefme vifaige,
Qui luy redouble encores ce meffaige.
Mercure eftoit en ceftuy cy depeinct,
Il en auoit la parole & le teinct,
La belle taille, & la frizure blefme
De fes cheueux: c'eftoit Mercure mefme.
Filz de Deeffe, en quelle feureté
Es-tu icy au dormir arrefté

Si longuement?ne voi'-tu point encores
Les grands dangers,qui t'enuironnent ores,
Fol,que tu es?n'oi'-tu point les Zephyres
Heureusement appeller tes nauires?
Elle,qui ia de la mort est certaine,
D'horrible,& grand ie ne sçay quoy demaine
En son courage:& son ire enflammée
Fait refloter sa poitrine allumée.
Ne fuy'-tu donq' hastiuement d'icy,
Or',que tu as le moyen de cecy?
Tu verras tost par force de ramer
Au tour de toy blanchir toute la mer:
Et sur le port les torches flamboyantes
Estinceler à pointes ondoyantes
De tous costez,si iusq' au poinct du iour
Tu fais encor' en ces terres seiour.
Courage donq' fuy d'vne course agile:
Tousiours la femme est legere,& fragile.
    Ainsi parlant,l'image de Mercure
S'entremesla parmy la nuict obscure.
Enee alors du songe emerueillé
S'est en sursault de grand' peur eueillé.
Huche ses gens,les incite,& les presse.
    Debout enfans,rompez toute paresse,
Ne dormez plus sur ce riuage estrange,
Et que chacun parmy les banqs se range.

Guindez au maſt. voicy encor' le Dieu,
Qui nous incite à partir de ce lieu,
A deſtacher le tortueux cordage,
Et à donner la voile au nauigage.

    Nous te ſuyuōs, quicōques ſois des Dieux:
Et de rechef auec' vng cœur ioyeux
T'obeiſſon'. ſoi's nous donq' ſecourable,
Et nous eſclaire vng aſtre fauorable
O Dieu benin. Enee en ce diſant
Va deguayner ſon glaiue treluyſant:
Et tout ſoudain par vng reuers, qu'il tire,
Tranche le cable, ou tenoit le nauire.

    Pareille ardeur tous les autres incite.
Vng chacun d'eux la fuyte precipite
Qui ça, qui là. les riues ſont deſertes,
Et de vaiſſeaux les ondes ſont couuertes.
Les mathelotz à ſuyte mezurée
Raclent le doz de la plaine azurée,
Et renuerſez à force d'auiron
Font bouillonner l'eſcume à l'enuiron.

    C'eſtoit au poinct, que l'Aurore laiſſante
Du vieil Tithon la couche rougiſſante,
Auoit deſia ſur la terre eſcarté
Du nouueau iour la premiere clarté:
Incontinent que par vne feneſtre
La triſte Royne aperceut le iour naiſtre,

Et qu'elle a veu les Troiennes gallées
Singler bien loing à voyles egalées:
Le haure vuyde, & le prochain riuage
Sans mariniers, tout desert, & sauuaige:
Elle arracha l'honneur blond de sa teste,
Et en frappant son estommac honneste
Trois, quatre fois : d'vne fureur mortelle
Va s'escrier, Par Iupiter (dist-elle)
Donques ainsi s'en ira sans danger
Ce desloyal, & moqueur estranger?
Ne courront point mes armez citoiens?
N'iront-ilz point saccaiger ces Troiens
En leurs vaisseaux? sus, sus, portez les flãmes:
Haussez la voile : alez tirer aux rames.
        Que dy-ie? ou suy-ie? ô moy fole insensee!
Quelle fureur a troublé ma pensee?
Pauure Didon, voicy ton cruel sort,
Qui maintenant te prononce la mort.
La mort alors t'eust bien esté grand heur,
Quand tu soumis ta royale grandeur
A ce meschant. c'est la dextre, & la foy
De cetui la, qui porte auecques soy
Ses dieux priuez : & qui se donne los,
D'auoir porté son vieil pere à son dos.
Que n'ay-ie donq' ses membres destranchez?
Que ne les ay-ie en la mer espanchez?

Tué ſes gens? & pour mieux me vanger,
Que ne luy ay-ie Aſcaigne fait manger?
Mais du combat le ſort douteux eſtoit.
Et bien pourtant? de qui s'eſpoüentoit
Mon cœur deſia de mourir appreſté?
I'euſſe le feu dans les tentes porté,
Et dans les nefz : i'euſſe eſteinct filz & pere:
Toute la race, & famille eſtrangere
Dedans le feu i'euſſe precipitée :
Et puis deſſus ie me feuſſe ietée.

    Soleil, qui vois toutes choſes humaines:
Et toy Iunon, coupable de mes peines:
Toy Hecaté par les cantons hullée,
Quand deſſus nous la nuit eſt deualée:
Raiges d'enfer, que la vangence attize,
Et vous les Dieux de la mourante Elize,
Ie vous ſupply, que mon dueil vous incite
A la pitié, que mon malheur merite.
Oyez cecy, & receuez mes plaintes,
    S'il eſt requis les riues eſtre attaintes
Par ce meſchant : ſi Iupiter le veut,
Qu'il ſoit ainſi, puis qu'autrement ne peut.
Mais ie vous pri, que ce malicieux
Soit guerroyé d'vng peuple audacieux:
Qu'il ſoit banny, & que finablement
Soit arraché du doulx accolement

De ſon Iülle , & que la mort cruelle
De ſes plus chers luy ſoit continuelle.
Voiſe au ſecours, & apres ſ'eſtre mis
Deſſou' les lois de ſes fiers ennemis,
Iamais ne ſoit de ſon ſceptre aſſeuré,
Ni du plaiſir du iour tant deſiré:
Mais bien ſa mort deuance la nature,
Et ſoit priué de toute ſepulture.
Cecy ie prie, & auecques mon ſang
Ces derniers motz ie pouſſe hors du flanc.
　　Vous Tyriens, ayez en ſouuenir
D'exercer hayne, & guerre à l'aduenir
Sur les neueux d'vng tel ſang demourez:
Et de ce don mes cendres honnorez.
Nulle amitié entre vous puiſſe naiſtre.
Sors de noz oz toy, quiquonques dois eſtre
Noſtre vangeur, & t'oblige' par vœu
De guerroyer & par fer, & par feu
Les ſucceſſeurs de la race Troienne.
Or', à iamais, en quelque temps que vienne
Noſtre pouuoir, l'vng auec' l'autre eſtriue
Flot contre flot, & riue contre riue,
Camp contre camp, alarmes contre alarmes,
Et touſiours ſoyent les deux peuples en armes.
　　Apres ces motz „ſon vagabond eſprit
A tournoyer de tous coſtez ſe priſt

Diuersement, & sans cesse taschoit
A se priuer du iour, qui luy fachoit.
Adonq' elle a promtement depesché
Barce, qui feut nourrice de Siché'
(Car elle auoit en sa terre ancienne
Laissé les oz, & cendres de la sienne)
   Fay venir Anne, ô ma nourrice chere !
Dy' qu'ell' s'arrouze auec' eau de riuiere,
Ameine aussi les offrandes monstrées,
Et les brebis à l'autel consacrées.
Toy mesmes fay, que ta teste soit ceinte
Deuotement d'vne templette sainte.
Depesche donq : paracheuer ie veux
Au Dieu d'enfer mes bien cōmencez vœuz,
Oster mon cœur de ce facheux lien,
Et mettre au feu l'amour Dardanien.
Parlant ainsi, Barce qui s'apprestoit,
D'vng pas vieillart son allure hastoit.
   Mais ce pendant, Didon fiere, & terrible
Pour le remords de son conseil horrible,
Tournant des yeux la prunelle sanglante
Deça, dela : & sa iöe tremblante
Entre-tachée, auec' pasle couleur,
Signe mortel de son prochain malheur:
Aux lieux secrez entre par violence,
Et en fureur sur la pyle s'eslance:

Ou le Troien glayue elle a desgainé,
Qui ne feut pas à telle fin donné.
Puis auoir veu les Troiens vestemens,
Et de son lict les congnuz ornemens,
Toute esploree, & lente sur sa couche,
Ses derniers moz fist sortir de sa bouche,

Douce despouille, alors qu'il feut permis
Par les destins, & par les Dieux amys,
Reçoy ceste ame, & de tant de soucy
Deslie moy. i'ay vescu iusq' icy,
Et de mes ans le cours ay reuolu
Tel, que Fortune ordonner l'a voulu.
Ores de moy la grand' Idole errante
Sera bien tost sou' la terre courrante.
Vne cité i'ay fondé de ma main :
I'ay veu mes murs : i'ay dessu' mon germain
Vangé le sang, & la mort doloreuse
De mon mary. heureuse, ô trop heureuse!
Si des Troiens les nauires fuytiues
N'eussent iamais abordé sur noz riues.

Ainsi parla : & sur la couche aymée
Ayant les yeux, & la bouche imprimée,
Mouron'-nous donq' d'vne mort si cruelle,
Sans nous vanger? mais mouron' (ce dist elle)
Ainsi, ainsi il me plaist de mourir :
Et promptement sou' les ombres courir.

Ce fier Troien bien loing dedans la mer
Voye le feu, qui me va confommer :
Et porte encor' auec' toute fa trouppe
De noftre mort le plaifir, & la coulpe.

    Elle auoit dict : & fes femmes l'ont veue
Parmy ces moz fur le fer eftendue :
Les braz efpars, & le glayue efcumeux
Rouge du fang bouillonnant, & fumeux.
Vne clameur confufement meflée
Iufq' au' plus haulx eftaiges eft volée
En eclattant : & le bruit excité
Court en fureur par toute la cité.
Les hullemens des femmes gemiffantes
Hurtent le toict des maifons fremiffantes :
Et du hault cry, qui par la ville tonne,
La terre en tremble, & le ciel en refonne :
Non autrement, que fi les ennemis
Eftoyent en Tyr, ou en Carthaige mis :
Et que le feu tournoyaft furieux
Par les maifons des hommes, & des Dieux.

    Voicy la fœur de fon fens defuoyée,
Du foudain cours, & du bruit effroyée :
Qui fon vifaige aux ongles violant,
Et fa poictrine à coups de poing foulant
Par le milieu fe rue pefle mefle,
Et de bien loing Didon mourante appelle,

Auoy'-tu donq' telle fraude conceue?
O chere sœur ! m'as-tu ainsi deceue?
Ce feu, ce boys, ces beaux autelz secrez,
Me dressoient-ilz tant de pleurs, & regrez?
De quoy premier me plaindray-ie de toy?
N'as tu daigné t'accompaigner de moy,
Qui suis ta sœur? ta vie exterminée
M'eust appellé à mesme destinée.
Mesme douleur, mesme fer, & trespas
Et l'vne, & l'autre eust enuoye la bas.

Auoy'-ie donq' huché à pleine vois
Noz Dieux de Tyr? auoy'-ie tant de bois
Auec' ces mains en vng monceau reduis,
Pour te laisser? cruelle, que ie suis.
T'à mort, ô sœur ! en ruyne delaisse
Moy, ta cité, ton peuple, & ta noblesse.
Donnez de l'eau: ie laueray la playe:
Et si encor' le cœur mourant essaye
De halleter, ma bouche mettra peine
D'en recuillir la deffaillante haleine.

Ainsi parlant, sur le hault se transporte:
Et reschaufant sa sœur ia demy-morte
Entre ses bras, d'vng long gemissement
Le sang meurtry dessechoit doucement.
Didon encor' voulut dresser en hault
Les yeulx mourans : mais l'esprit luy deffault,

Et de son cœur la playe trop voizine
En elançant luy pince la poitrine.
Troi' foi' son bras sous elle se courba:
Et par troi' foi' sur le lict retumba.
Elle a cherché d'vne errante paupiere
De nostre iour la tant doulce lumiere,
La veue au ciel bassement esleuee:
Puis a gemy apres l'auoir trouuee.

Voyant cecy Iunon la tou'-puissante,
Prenant pitié de ceste languissante,
Transmist du ciel Iris, pour ietes hors
L'esprit rebelle attaché dans le corps:
Car pour autant, que de mort naturelle
Ne perissoit, mais par fureur nouuelle
Deuant ses iours: la Royne du bas monde
N'auoit couppé sa cheuelure blonde:
Et à l'Enfer de Styx enuironné
Son chef encor' n'auoit point condamné.

Donques Iris aux ailes rougissantes
Traynant au ciel mile couleurs naissantes
Par les rayons de la flamme opposée,
D'vng loingtain vol sur le chef s'est posée.
Ce triste vœu de par Iunon la grande
Au Dieu d'enfer ie porte pour offrande:
Te separant d'aueq' ce cors humain.
Ell' parle ainsi: puis de sa dextre main

Tranche le poil: la chaleur s'auala:
Et l'ame au vent parmy l'air s'en alla.

Fin du quatriesme liure de l'Eneide
de Vergile.

COMPLAINTE DE
Didon à Enée, prinse
d'Ouide.

Comme l'oizeau blanchiſſant
   Languiſſant
  Parmy l'herbette nouuelle
  Chante l'hymne de ſa mort,
   Qui au bort
  Du doux Mëandre l'appelle,
Sans eſpoir de te pouuoir
   Emouuoir,
  Mes complaintes ie reueille:
  Car aux ingrates douleurs
   De mes pleurs
  Les Dieux font la ſourde oreille.
Mais ayant perdu l'honneur
   Du bonheur,
  Que la chaſteté merite,
  De perdre encor' mes eſcriz,
   Et mes criz,
  C'eſt vne perte petite.
Tu veux tes voiles hauſſer,
   Et laiſſer
  Didon, que l'Amour afole,

Les vens, qui t'emporteront,
Soufleront
Tes voiles, & ta parole.
Tu veux delier aux eaux
Tes vaisseaux,
Et ce qui vers moy te lie:
Suyuant par floz etrangers
Les dangers
De l'incongnue Italie.
De Carthage ne te chaut,
Qui si haut
Commence à dresser la teste.
Tu cherches ce, qui est loing
Et n'as soing
De ta prochaine conqueste.
Le bien asseuré tu fuis,
Et poursuis
Vne incertaine entreprise.
Autre terre est ton soucy:
Cete cy
T'est sans nulle peine aquise.
Et quand là tu paruiendrois,
Par quelz drois
En auras tu iouissance?
Comment pourra l'etranger
Se ranger

Deſſou' ton obéiſſance?
Il reſte vne autre Didon
 Pour guerdon
 D'vne autre amour commencee.
Il te reſte vne autre foi,
 Qui par toy
 Puiſſe encor' eſtre fauceé.
Quand auras tu, ô Troien!
 Le moyen
 De fonder vne Carthage?
Quand verras tu d'vne tour
 Tout au tour
 L'honneur d'vng tel heritage?
Et quand bien tout ſeroit fait
 A ſouhait
 Selon l'entrepriſe tienne,
Quelle femme en amitié
 A moitié
 Aprochera de la mienne?
Comme le tizon gommeux
 Tout fumeux
 De ſoufre, & de cire ardente,
Ie me conſume: & l'amour
 Nuit & iour
 Mon Enée me preſente.
Vray eſt, qu'il eſt entaché

Du peché
D'vne ingrate conscience:
Et tel, si fole n'estoy,
Que deuroy
En euiter l'alience.
Mon cœur pourtant le reçoit,
Bien qu'il soit
Vers moy de mauuais courage.
Mon amour fait plus d'effort,
Quand plus fort
Ie me plain, de son outrage.
Venus, donne moy le don
De pardon,
Qui suis de ton filz compaigne:
Et toy aussi, ieune archer,
Fai' marcher
Ton frere sou' ton enseigne,
Ou moy, qui ne trouue amer
L'art d'aymer:
Celuy, qui me faiĉt amante,
Qu'il me donne seulement
Argument
D'aymer ce, qui me tormente.
Ie me trompe: & cestui-cy
Vante ainsi
Faulcement son haut lignage.

Car son cœur ne porte point
D'vng seul poinct
De sa mere tesmoignage.
Les pierres, les mons, les bois,
Que tu vois
Sur haulx rocz prendre acroissance,
Et les animaux plus fiers
Voluntiers
Sont autheurs de ta naissance:
Ou ceste mer, que souuent
Par le vent
Ores tu vois agitée:
Et dont ton audace encor'
Ne craint or'
La violence irritée.
Ou fuy'-tu? voicy l'hyuer
Arriuer,
L'hyuer me soit fauorable.
Oy le bruit, que les vens font
Iusq' au fond
De la mer inexorable.
Redeuable laisse moy,
Non à toy,
(Ce que pourtant ie demande)
Mais aux ondes, & au tems
Dont i'attens

Vne humanité plus grande.
Ie ne suis de si hault pris
    (Ce mespris
    Plus superbe ne te face)
    Que doiues, pour m'euiter,
    Te ieter
    Au danger, qui te menace.
Tu nourris vne rancœur
    En ton cœur
    Vray'ment precieuse, & chere,
    Si pour de moy t'etranger,
    Le danger
    De mort, t'est peine legere.
Les vens, qui tost cesseront,
    Laisseront
    D'vne carriere assurée
    Le verd Triton galoper,
    Et couper
    Le dos de l'onde azurée.
O que ton cœur endurci
    Peust ainsi
    Adoucir vng peu son marbre!
    Ie croy qu'il s'adoucira,
    Ou sera
    Plus dur que le cœur d'vng arbre.
Quoy, si congnu tu n'auois

Mile fois
De la mer l'impacience?
Veux tu à ce Monstre fier
Te fier
Apres telle experience?
Et quand Neptune apaizé
Plus aizé
Se promettroit à ta fuyte,
Sur l'eau mile autres malheurs
De douleurs
Traynent vne longue suyte.
Celuy, qui a pariuré,
Assuré
Desus la mer ne doit estre.
La mer doit estre la peur
Du trompeur,
Qui a dementi sa dextre.
Mesmes ayant ozé facher
L'enfant cher
De Venus: car Citherée
Qui sur les eaux a credit,
Comme on dit,
Est fille de la marée.
Ie crain' nuyre à qui me nuyt:
Et destruyt
Ne veux voir, qui m'a destruyte.

I'ay peur que mon ennemy
　Soit parmy
　Les floz de la mer depite.
Vy, ie te pry', car mes yeux
　Ayment mieux
　Pour la seule absence tienne,
　Que pour ta mort faire deul.
　Toy donq' seul
　Seras cause de la mienne.
Feins (Dieu t'engard' toutesfois)
　Que tu sois
　Surpris d'vng soudain oraige.
　Quel esprit te demou'ra?
　Que dira
　Le secret de ton couraige?
Tu viendras à resentir
　Le mentir
　De ton pariure artifice:
　Et Didon qu'aura defait
　Le forfait
　De la Troienne malice.
Mile furieux remors
　Viendront lors
　Representer à ta veüe
　Les cheueux s'esparpillans,
　Et sanglans

De ton epouze decëue.
I'ay par mon iniquité
   Merité
   Tout cecy, & la tempeſte
   Dont ce nauire eſt batu
   (Diras tu)
   Ne menace, que ma teſte.
Donne eſpace à la rigueur
   De ton cœur,
   Et de la mer violente.
   Ton cours, qui ſeur ſe fera,
   Ce ſera
   L'vzure de ton attente.
Ne pren point de moy pitié.
   L'amitié
   D'Iüle ſans plus t'emeuue.
   C'eſt bien aſſez, que le tort
   De ma mort
   En tes beaux titres ſe treuue.
Que t'a Iüle mefait?
   Qu'ont forfait
   Les Dieux familiers de Troye?
   Ceux, qu'arracher on a veu
   Hors du feu,
   Seront des ondes la proye.
Mais ilz ne ſont auec' toy,

Cœur ſans foy,
Quoy que tu en face' myne.
Ni eux, ni ton pere agé
Ont chargé
Ta laborieuſe eſchine.
Tout eſt faux: ta langue auſſi
N'a icy
Sa belle ſcience apriſe.
A telz mielleux appas
Ie n'ay pas
Eſté la premiere priſe.
Si d'enquerir il te plaiſt
La ou eſt
La mere du bel Aſcaigne:
Seule, elle eſt morte d'ennuy
Par celuy,
Duquel elle eſtoit compaigne.
Ces beaux contes i'eſcoutoy,
Dont i'eſtoy
Bien digne d'eſtre deceüe.
I'adoucy par mon erreur
La fureur
De la peine, qui t'eſt dëue.
Les Dieux, dont tu es muny,
T'ont puny.
Tes pechez te font la guerre :

Car c'eſt le ſeptieme eté,
Qu'as eſté
Errant par mer, & par terre.
Ie t'ay laiſſé prendre port
A mon bort,
Que maint rampart enuironne.
A vng fuytif incongneu,
Pauure, & nu
I'ay fait part de ma couronne.
Plût à Dieu, que des bienfaiˆcts,
Que t'ay faiˆcts,
Ie me feuſſe contentée:
Et que le ſecret plaizir
Du gezir
Ne m'euſt d'honneur exemtée.
Ce iour me feut malheureux,
Quand au creux
D'vne cauerne ſauuaige
Me trouuay de bonne foy
Auec' toy,
Fuyant le ſoudain oraige.
Des nymphes les longues vois
Celle fois
Sembloyent huller l'Hymenée,
Les furies l'ont ſonné,
Et donné

Le signe à ma destinée.
Puny moy, ô l'ancien
    Honneur mien,
    Violé vers mon Sichée :
    Ou la mort, qui ia me suyt,
    Me conduyt
    De grand' vergongne entachée.
I'ay en vng temple sacré
    Consacré
    De Siché' la protraiture.
    De blanches toyzons est ceinct
    Ce lieu sainct,
    Et tapiße' de verdure.
Vne vois sortant de la
    M'apella
    Quatre fois en cete eglize.
    Et i'oüy, que mon espoux
    D'vng son doux
    Me dist, vien ma chere Elize.
Ie vois la mort esprouuer,
    Pour trouuer
    Celuy, que seul ie doy suyure.
    Las ! mais i'ay trop attendu:
    I'ay perdu
    L'honneur, qui me faisoit viure.
Pardonne moy, ie te pry',

Cher mary,
Car la celeste noblesse
De celuy, qui a surpris
Mes espris,
Doit excuzer ma foiblesse.
Sa mere, qui tient des cieux
L'vn des lieux,
Son doux filz, & son vieil pere
Ne me promettoyent de luy
Tant d'ennuy,
Et d'inconstance legere.
Si Didon errer deuoit,
Elle auoit
Trouué argument capable.
Adiouste encores la foy :
Lors ie croy,
Que ie ne seray coulpable.
Tousiours mes soucis cuyzans
De mes ans
Ont la carriere suyuie :
Le destin, qui tant me nuyt,
Me poursuyt
Iusque'aux bornes de ma vie.
Mon mary, deuant les yeux
De noz Dieux
Fist de sang la terre humide :

Et mon auare germain
De sa main
Fit ce cruel homicide.
Laissant la terre, ou enclos
Sont les oz
De Siché, ie pris la fuyte,
Fuyant par diuers erreurs
Les fureurs
De la fraternelle suyte.
Ie vins l'estranger suyuant,
Me sauuant
Et de mon frere, & de l'onde.
Le lieu, que donné ie t'ay,
I'achetay:
Et ceste vile i'y fonde:
La ramparant à l'entour
D'vng long tour
De tours & murailles fortes:
Qui font peur deça dela
A ceulx là,
Qui sont voizins de nos portes.
Pour vne femme chasser,
Se dresser
Ie voy vne forte guerre.
Voire, & si foible ie suis,
Que ne puys

Quaſi deffendre ma terre.
A mil' pourſuyuans i'ay pleu,
Qui n'ont peu
A mon alience attaindre.
Et voyant vng incongnu
Mieux venu,
Ore'ont cauſe de ſe plaindre.
Que n'as tu, ô inhumain !
En la main
D'Iärbe liuré ma vie,
Puis qu'a ta meſchanceté
I'ay eſté
Si longuement aſſeruie?
Mon frere auſſi, qui ſe deult,
Baigner veult
En mon ſang la meſme pointe,
Qui au flanc de mon epoux
Par mains coups
Feut ſi cruellement iointe.
Mets ius tes Dieux : tu ne dois
De tes dois
Souiller la choſe ſacrée.
L'honneur, que les vicieux
Font aux Dieux,
Aux Dieux voluntiers n'agrée.
Si la main, qui les ſauuoit,

Leur deuoit

Faire apres vng si grand blâsme,

Ie pense, qu'ilz voudroient or'

Estre encor'

Parmy la Troienne flamme.

O deloyal ! tu me fuys:

Et ie suys

De tõ fait (peut estre) enceincte:

Vne partie de toy

Dedans moy

De mes entrailles est ceincte.

Le pauuret, qui perira,

Sentira

Le fier destin de sa mere:

Et tu seras, ô menteur !

Seul auteur

De son infortune amere.

Ainsi le maternel sort

Rendra mort

Le petit frere d'Ascaigne:

Mon corps, & le sien, au moins

Seront ioincts

Par vne peine compaigne,

Si ton partir de ce lieu

Vient de Dieu,

Ie voudroy', qu'il eust encore'

Daigné tes vaiffeaux garder
D'aborder
Deffus le riuaige More.
C'eſt ce Dieu, qui iour & nuit
Te conduit
A la mercy de Neptune:
C'eſt luy, qui t'a fait ainſi
Iuſqu'ici
Courir ſi longue fortune.
Si telz, que du temps d'Hector,
Reſtoient or'
Les fiers Pergames de Troye,
Si ne deurois tu pourtant
Voguer tant,
Pour en retrouuer la voye.
Quand paruenu tu feras,
Tu n'auras
Trouué ton beau Simöente:
Mais le Tybre furieux,
Qui les yeux
Des eſtrangers epoüante.
Et veu la longueur du tems,
Que tu tens
A la fin de ce voyage,
Tu grizonneras ainçois,
Que tu fois

Au bout de ton nauigage.
Fay-toy donq, pour le plus seur,
　　Possesseur
　　Du peuple, & de la richesse,
　　Que i'amenay de Sydon.
　　C'est le don,
　　Duquel ie te fai' largesse.
Pren l'or de Pigmalion,
　　Ilion
　　En ta Carthaige transporte:
　　Et le sceptre Tyrien
　　Comme tien,
　　En main plus heureuse porte.
Si tu desires trouuer,
　　Ou prouuer
　　Ta force aux armes adextre:
　　Si ton Iule de soy
　　Quiert de quoy
　　Faire trionfer sa dextre,
Pour vaincre, il n'est ia besoing,
　　Que plus loing
　　Voize chercher les alarmes:
　　En ce lieu trouuer on peut
　　Ce qu'on veut,
　　Soit ou la paix, ou les armes.
Mercy, mercy ie te cry:

Et te pri'

Par les fleches de ton frere,

Par ceux, qui te veulent mieux,

Par tes Dieux,

Et par l'ame de ton pere.

Ainsi aux tiens desormais

Pour iamais

La fortune soit humaine :

Et les combas Phrygiens,

Dont tu viens,

Soient les bornes de ta peine.

Ainsi tous les iours prefix

A ton filz,

Leur terme heureux accomplissent :

Et d'vng paisible repos

Les vieux oz

D'Anchise reposer puissent.

Helas, montre toy plus dous

Enuers nous,

Qui sommes la maison tienne.

Qu'ay-ie fait, que trop aimer,

Si blâmer

Tu veux quelque offence mienne?

Pour mien ie ne recongnoy

Le terroy

De Mycenes, ou de Phthie:

Mon pere, & mari, ne ſont
Ceulx, qui ont
Suiuy la Greque partie.
Si eſpouze me nommer
T'eſt amer,
Le tiltre d'hoſteſſe i'aye,
D'amye, ou d'ſpouze, non :
Fy du nom,
Pourueu que tienne ie ſoye.
Ie ſçay le vent Lybien :
Ie ſçay bien
Quelz flots ceſte coſte baizent.
Ces flots (ſi tu ne l'entens)
Certain temps
Se courrouſſent, & ſ'apaizent.
Quant le bon vent ſouflera,
On pourra
Faire voyle à la bonne heure,
La nef au port attendant'
Ce pendant
Parmy la glage demeure.
Commande moy t'auertir
Du partir,
Ores, que tu le deſires,
Ton cours ie n'arreſteray,
Mais feray

Lascher la bride aux nauires.
Tes gens des trauaux passez
Sont lassez :
Tes nefz demy-r'accoutrées
Auant ton departement
Promtement
Pourront estre calfeutrées.
Pour tout le passé plaizir,
Et dezir
De mieux meriter ta grace:
Pour l'espoir, qui m'estoit né
D'Hymené,
Ie requiers vng peu d'espace.
En ce pendant, que la mer
Au ramer
Fera ses eaux mieux traitables,
La douleur de iour, & iour,
Et l'amour
Me seront plus equitables.
Si non, tuër ie me veux
Tu ne peus
M'estre longuement rebelle.
O qu'eusse' tu le pouuoir
De me voir
Faisant ma plainte mortelle!
Mes yeux, comme deux ruisseaux,

De leurs eaux
Mouillent la Troienne espée,
Qui bien tost sera du sang
De mon flanc,
En lieu de larmes, trempée.
Mon Dieu, que tes beaux presens
Sont duisans
Au fait de mon entreprise!
Tu as dreßé tout expres
Les apprez
De ma mort, à peu de mise.
Le coup, qui me bleßera,
Ne sera
Le seul, qui mon cœur entume.
Car des amoureux attraiz,
I'ay les traiz,
Bien auant dedans mon ame.
Ma sœur Anne, Anne ma sœur,
Tesmoing seur
De ma piteuse auanture,
Tes yeux bien tost pleureront,
Et feront
L'honneur de ma sepulture.
Celuy qui la bastira,
N'inscrira,
ELIZE DE SICHE' FEMME:

A ENEE.

On y lira seulement
Breuement
Les vers de cet Epigramme,

ENE'E A DE CESTE MORT
  A GRAND TORT
DONNE' LA CAVSE, ET L'ESPE'E:
LA MISERABLE DIDON
  DE CE DON
A SA POITRINE FRAPE'E.

AVSONII EPIGRAM-
ma in Didus imaginem.
Ex Græco.

ILla ego sum Dido vultu, quam conspicis, hospes,
    Assimilata, modis pulchráque mirificis.
Talis eram, sed non, Maro quam mihi finxit, erat mens,
    Vita nec incestis læta cupidinibus.
Nanque nec Æneas vidit me Troius vnquã,
    Nec Libyam aduenit classibus Iliacis.
Sed furias fugiens atq; arma procacis Iärbæ
    Seruaui, fateor, morte pudicitiam.
Pectore trãsfixo, castus quod pertudit ensis,
    Non furor, aut læso crudus amore dolor.
Sic cecidisse iuuat. vixi sine crimine famæ:
    Vlta virum, positis mœnibus, oppetii.
Inuida cur in me stimulasti musa Maronem,
    Fingeret vt nostræ damna pudicitiæ?
Vos magis historicis, lectores, credite de me,
    Quàm, qui furta Deûm, cõcubitúsq; canût.
Falsidici vates, temerant qui carmine verum:
    Humanísque Deos assimilant vitiis.

SVR LA STATVE
de Didon, prins d'Ausone.

P Assant, ie suis de Didon la semblable
  Tirée au vif d'vng art emerueillable.
Tel corps i'auoy, non l'impudique esprit,
Qui feintement par Vergile est descrit:
Car onq' Enée, onques les nefz Troyennes
Ne prindrent port aux riues Libyennes.

   Mais pour fuir de Iärbe la fureur,
Mon estomac pudique n'eut horreur
Du chaste fer, dont ie fu' transpersée,
Non d'vne rage, ou amour offensée.
De telle mort me plaist bien le renom,
Puis qu'en viuant ie n'ay blessé mon nom.
I'ay veu mes murs, i'ay vangé mon Sichée,
Puis de ce fer ma poitrine ay fichée.

   Qui t'auoit donq', ô Vergile, incité
D'estre enuieux sur ma pudicité?
Croyez lecteurs, cela que les histoires
Ont dict de moy: non les fables notoires
De ces menteurs, qui d'art laborieux
Chantent l'amour des impudiques Dieux:
Apropriant à la diuine essence
Des corps humains l'imparfaicte naissance.

I. AN. DE BAIF.

MVSE Françoise, ores dresse la teste
 Iusq' à l'egal des vulgaires parfaictz,
Puis que desia se monstrent les effaictz,
Des beaux labeurs, qu'à ton los on appreste.
Quel bon esprit auiourd'huy ne s'arreste
 A t'honnorer en ses œuures bien faicts,
 Par qui sans fin, d'heure en heure tu fais
De los nouueau quelque belle conqueste?
Or' du Bellay chante d'vng son diuin
 De sa Didon la miserable fin,
 Apres celuy, qui Mantue decore:
Rendant si bien sa doulce grauité,
 Que s'il voyoit nostre beau iour encore',
 Il ne croyroit, qu'il l'eust onq' immité!

❧OEuures de l'in-
VENTION DE
l'Autheur.

COELO MVSA BEAT.

LA COMPLAINTE
DV DESESPERE'

QVi prestera la parolle
    A la douleur, qui m'afolle?
Qui donnera les accens
A la plainte, qui me guyde:
Et qui laschera la bride
A la fureur, que ie sens?
Qui baillera double force
    A mon ame, qui s'efforce
De soupirer mes douleurs?
Et qui fera sur ma face
D'vne larmoyante trace
Couler deux ruysseaux de pleurs?
Sus mon cœur, ouure ta porte,
    Affin que de mes yeux sorte
Vne mer à ceste foys.
Ores fault, que tu te plaignes,
Et qu'en tes larmes tu baignes
Ces montaignes & ces boys.
Et vous mes vers, dont la course
    A de sa premiere sourse
Les sentiers habandonnez,
Fuyez à bride aualée,
Et la prochaine valée

De vostre bruyt estonnez.
Vostre eau,qui fut clere & lente
Ores trouble & violente,
Semblable à ma douleur soit,
Et plus ne meslez vostre onde
A l'or de l'arene blonde,
Dont vostre fond iaunissoit.
Mais qui sera la premiere?
Mais qui sera la derniere
De voz plaintes? O bons dieux!
La furie qui me domte,
Las ie sens qu'elle surmonte
Ma voix, ma langue, & mes yeux.
Au vaze estroict, qui degoute
Son eau, qui veult sortir toute,
Ores semblable ie suis:
Et fault (ô plainte nouuelle)
Que mes plainctz ie renouuelle,
Dont plaindre assez ie ne puis.
Quand toutes les eaux des nües
Seroient larmes deuenues,
Et quãd tous les ventz cõgnuz
De la charette importune,
Qui fend les chãps de Neptune,
Seroient soupirs deuenuz.
Quand toutes les voix encores

Complaintes deuiendroient ores,
Si ne me suffiroient point
Les pleurs, les soupirs, le plaindre
A viuement contrefeindre
L'ennuy, qui le cœur me poingt.
Ainsi que la fleur cuillie,
Ou par la Bize assaillie
Pert le vermeil de son teinct,
En la fleur du plus doulx âage
De mon palissant visage
La viue couleur s'esteinct.
Vne languissante nuë
Me sille desia la vëue,
Et me souuient en mourant
Des doulces riues de Loyre,
Qui les chansons de ma gloyre
Alloit iadis murmurant.
Alors que parmy la France
Du beau Cygne de Florence
I'alloys adorant les pas,
Dont les plumes i'ay tirées,
Qui des ailes mal cirées
Le vol n'imiteront pas.
Quel boys, quelle solitude,
Tesmoing de l'ingratitude
De l'archer malicieux,

Ne resonne les alarmes,
Que les amoureuses larmes
Font aux espris ocieux?
Les bledz ayment la rousée,
Dont la plaine est arrousée:
La vigne ayme les chaleurs,
Les abeilles les fleurettes,
Et les vaines amourettes
Les complaintes, & les pleurs.
Mais la douleur vehemente,
Qui maintenant me tormente,
A repoussé loing de moy
Telle fureur insensée,
Pour enter en ma pensée
Le trait d'vn plus iuste esmoy.
Arriere plaintes friuoles
D'vng tas de ieunesses folles.
Vous ardens soupirs encloz,
Laissez ma poictrine cuyte,
Et traynez a vostre suyte
Mile tragiques sangloz.
Si l'iniure desriglée
De la fortune aueuglée,
Si vng faulx bon-heur promis
Par les faueurs iournalieres,
Si les fraudes familieres

Des trop courtizans amis,
Si la maison mal entiere
De cent procez heritiere,
Telle qu'on la peut nommer
La gallere desarmée,
Qui sans guide & mal ramée
Vogue par la haulte mer:
Si les passions cuyzantes
A l'ame,& au corps nuyzätes,
Si le plus contraire effort
D'vne fiere destinée,
Si vne vie obstinée,
Contre vng desir de la mort:
Si la triste congnoissance
De nostre fresle naissance,
Et si quelque autre douleur
Geynne la vie de l'homme,
Ie merite,qu'on me nomme
L'esclaue de tous malheur.
Qu'ay-ie depuis mon enfance
Sinon toute iniuste offence
Senty de mes plus prochains?
Qui ma ieunesse passée
Aux tenebres ont laissée,
Döt ores mes yeux sont plains.
Et depuis que l'âge ferme

A touché le premier terme
De mes ans plus vigoreux,
Las, helas, quelle iournée
Feut onq' si mal fortunée,
Que mes iours les plus heureux?
Mes oz, mes nerfz, & mes veines
Tesmoins secrez de mes peines,
Et mile souciz cuyzans
Auancent de ma vieillesse
Le triste hyuer, qui me blesse
Deuant l'esté de mes ans.
Comme l'autonne saccage
Les verdz cheueux du boccage
A son triste aduenement,
Ainsi peu à peu s'efface
Le crespe honneur de ma face
Veufue de son ornement.
Mon cœur ia deuenu marbre
En la souche d'vng vieil arbre
A tous mes sens transmuez:
Et le soing, qui me desrobe,
Me faict semblable à Niobe
Voyant ses enfans tuez.
Quelle Medée ancienne
Par sa voix magicienne
M'a changé si promptement?

Fichant d'aiguilles cruelles
Mes entrailles, & môelles
Serues de l'enchantement?
Armez vous contre elle donques
O vous mes vers! & si onques
La fureur vous enflamma,
Faites luy sentir l'ïambe,
Dont contre l'ingrat Lycambe
La rage Archiloq' arma.
O nuict! ô silence! ô lune!
Que ceste vieille importune
Ose du ciel arracher,
Pourquoy ont la terre, & l'onde,
Mais pourquoy a tout le monde
Conspiré pour me facher?
Ny toute l'herbe cuillie
Par les champs de Thessalie,
Ny les murmures secrez,
Ny la verge enchanteresse,
Dont la Dame vangeresse
Tourna les visages Grecz,
Ny les flambeaux, qu'on allume
Aux obseques, ny la plume
Des mortuaires oizeaux,
Ny les œufz, qu'on teinct & mouille
Dans le sang d'vne grenouille,

Ny les Anernales eaux:
Ny les images de cire,
  Ny ce, qui l'enfer attire,
  Ny tous les vers enchantez
  Par la vieille escheuelée
  D'vne voix entremeslée
  Six & trois fois rechantez;
Ny le menstrueux breuuage
  Meslé auecques la rage,
  Qui s'enfle au frõt des cheuaux,
  Ny les furies ensemble
  Enfanteroient (ce me semble)
  Le moindre de mes trauaux.
Moindre feu ne me consume,
  Et moindre peste ne hume
  La tiede humeur de mes oz,
  Que l'Herculienne flamme
  Ayant le don de sa femme
  Engraué dessus le doz.
Les flotz courroussez, qui baignent
  Leurs riuages, qui se plaignent,
  Ne sont plus sourds, que ie suis:
  Ny ce peuple, qui habite,
  Ou le Nil se precipite
  Dedans la mer par sept huys.
Les ventz, la pluye, & l'orage

N'exercent plus grand aultrage
Sur les montz & sur les flotz,
Que l'eternelle tempeste,
Qui brouille dedans ma teste
Mile tourbillons encloz:
Comme la fole prestresse,
A qui le Cynthien presse
Le cœur superbe & despit,
Herissant sa cheuelure
Contre-tourne son allure
Par vng mouuement subit,
Ainsi aueq' noire myne
Tout furieux ie chemine
Par les champs plus eslongnez,
Remaschant d'vng soucy graue
Mile fureurs, que i'engraue
Sur mes sourciz renfrongnez.
Tel est le Thebain Panthée,
Quand son ame espouantée
Voit le soleil redoublé:
Tel, le vangeur de son pere,
Quand les serpents de sa mere
Luy ont son esprit troublé.
D'vne entre-suyuante fuyte
Il adiourne, & puys annuyte:
L'an d'vng mutuel retour

Ses quatre saisons rameine:
Et apres la lune pleine
Le croissant luist à son tour.
Tout ce que le ciel entourne,
Fuyt, refuyt, tourne, & retourne,
Comme les flotz blanchissans,
Que la mer venteuse pousse,
Alors qu'elle se courrousse
Contre ses bords gemissans.
Chacune chose decline
Au lieu de son origine:
Et l'an, qui est coustumier
De faire mourir, & naistre,
Ce qui feut rien, auant qu'estre,
Reduict à son rien premier.
Mais la tristesse profonde,
Qui d'vng pié ferme se fonde
Au plus secret de mon cœur,
Seule immuable demeure,
Et contre moy d'heure en heure
Acquiert nouuelle vigueur.
Ainsi la flamme allumée,
Que les ventz ont animée,
Forcenant cruellement,
En mile poinctes s'eslance,
Dedaignant la violence

De son contraire element.
Quand l'obscurité desserre
  Ses aisles dessus la terre,
  Et quant le present des Dieux
  Pour emmieller la peine,
  De toute la gent humaine
  Charme doulcement les yeux,
Lors d'vne horreur taciturne
  Dessoubz le voyle nocturne
  Tout se fait paisible & coy:
  Toute maniere de beste
  Au sommeil courbe la teste
  Dedans son priué recoy.
Mais le mal, qui me reueille,
  Ne permet, que ie sommeille
  Vng seul moment de la nuict,
  Sinon que l'ennuy m'assomme
  D'vng espoüantable somme,
  Qui plus que le veiller nuyt.
Puis quand l'aulbe se descouche
  De sa iaunissante couche
  Pour nous esclerer le iour,
  Auec moy s'esueille à l'heure
  Le soing rongeard, qui demeure
  En mon familier seiour.
Ou tout cela, que l'on nomme

Les bienheuretez de l'homme,
Ne me sçauroit esiouyr,
Priué de l'aise, qu'aporte
A la vie demy-morte
Le doulx plaisir de l'ouyr.
Et si d'vng pas difficile
Hors du triste domicile
Ie me trayne par les champs,
Le soucy, qui m'accompaigne,
Ensemence la campaigne
De mile regrez tranchans.
Si d'auanture i'arriue
Sur la verdoyante riue,
I'essourde le bruyt des eaux:
Si au bois ie me transporte,
Soudain ie ferme la porte
Aux doulx goziers des oyzeaux.
Iadis la tourbe sacrée,
Qui sur le Loyr se recrée,
Me daignoit bien quelquesfois
Guyder au tour des riuages,
Et par les antres sauuages
Imitateurs de ma voix:
Mais or' toute espouantée
Elle fuyt d'estre hantée
De moy despit, & felon,

Indigne que ma poictrine
  Reçoyue soubz la courtine
  Les sainctz presentz d'Apollon.
Mesmes la voix pitoyable,
  Dont la plainte larmoyable
  Rechante les derniers sons,
  Dure & sourde à ma semonce
  Dedaigne toute response
  A mes piteuses chansons.
Quelque part que ie me tourne,
  Le long silence y seiourne
  Comme en ces temples deuotz,
  Et comme si toutes choses
  Pesle mesle estoyent r'encloses
  Dedans leur premier Cäos.
Mettez moy donq', ou la tourbe
  Du peuple estonné se courbe
  Deuant le sceptre des Roys,
  Et en tous les lieux encore,
  Ou plus la France decore
  Et ses armes & ses loix:
Mettez moy, ou lon accorde
  La contr'-accordante chorde
  Par les discordans accords,
  Et ou la beauté des dames
  Souffle les secrettes flammes

Qui bruslent dedans le corps.
Mettez moy (si bon vous semble)
Ou la Delienne assemble
Sa bande apprise au labeur,
A cry, à cor, & à suyte
Pressant la legere fuyte
Des cerfz aislez, par la peur.
Mettez moy, ou Cytherée
En la saison alterée
Sa ieune troppe conduict,
Et sans craindre la froidure
Dessus l'humide verdure
Bale au serain de la nuict.
Mettez moy là, ou florissent
Les arbres, qui se nourrissent
Au beau seiour d'Alcinoys,
Et là, ou le riche Autonne
D'vne main prodigue donne
L'honneur du front d'Acheloys.
Mettez moy, ou plus abonde
Tout ce qui plus en ce monde
Contente l'humain desir,
Si ne pouray-ie en tel aise
Trouuer plaisir, qui me plaise,
Que l'obstiné deplaisir.
Helas, pourquoy tant s'augmentent

Les malheurs, qui me tormentent
Deſeſperé d'auoir mieux?
Ou pourquoy à les accroiſtre,
Par trop les vouloir congnoiſtre
Suys-ie tant ingenieux?
Heureux, qui a par augures
Preueu les choſes obſcures!
Et trop plus heureux encor,
En qui des Dieux la largeſſe
A reſpandu la ſageſſe,
Des cieux le plus beau treſor.
Combien (ſi nous eſtions ſages)
Se demonſtrent de preſages,
Auant-coureurs de noz maulx?
Soit par iniure celeſte,
Par quelque perte moleſte,
Ou par mort des animaulx?
Mais la penſée des hommes,
Pendant que viuans nous ſommes,
Ignore le ſort humain,
La diuine preſcience
Par certaine experience
Le tient cloz dedans ſa main.
Seroit-point determinée
Quelque vieille deſtinée
Contre les eſpriz ſacrez?

Mile, qui deſſus Parnaze
Beurent de l'eau de Pegaze,
Ont faict ſemblables regrez.
De la Lyre Thracienne,
Et de l'Amphionnienne
Les malheurs ie ne diray.
De l'aueuglé Stheſicore,
Et du grand aueugle encore
Les labeurs ie n'eſcriray.
Ie tays la mort d'Eurypide,
Et la Tortüe homicide,
Ie laiſſe encor la faim
De ce miſerable Plaute,
Et les peines de la faulte
De l'amoureux eſcriuain.
Seulement me plaiſt eſcrire
Comment le Dieu, qui inſpire
Le troppeau muſicien,
Mortel, ſoubz habit champeſtre,
Sept ans les bœufz mena paiſtre
Au riuaige Amphryſien.
Mauldicte donq' là lumiere,
Qui m'eſclaira la premiere,
Puys que le ciel rigoreux
Aſſuietit ma naiſſance
A l'indomtable puiſſance

D'vng astre si malheureux.
O Dieux vangeurs, que l'on iure,
Dieux, qui punissez l'iniure
D'vne rompüe amitié,
Si les deuotes prieres
Pour les iniustes miseres
Vous emeuuent à pitié,
Las, pourquoy ne se retire
De moy ce cruel martyre,
Si mes innocentes mains
Pures de sang, & rapines
Ne feurent onques inclines
A rompre les droictz humains?
Ie ne suys né de la race,
Qui dessus les montz de Thrace,
O Dieux, s'arma contre vous,
Ny de l'hoste abhominable,
Qui pour son forfaict damnable
Accreut le nombre des loups.
Ie n'ay hanté le college
De ce larron sacrilege,
Qui feut premier inuenteur
De feindre la congnoissance
De vostre diuine essence
Par vng visage menteur.
Ie ne suys né de la terre,

Qui en la Thebaine guerre
Huma le sang fraternel,
Dont le mutuel oultrage
Tesmoigna l'aueugle rage
De l'inceste paternel.

D'vne cruaulté nouuelle
Ie n'ay rompu la ceruelle
De mon pere, & si n'ay pas
De ses entrailles saillantes
Remply les gorges sanglantes
Par vng nocturne repas.

Si mon innocente vie
Ne feut onques asseruie
Aux serues affections,
Si l'auare conuoitize,
Si l'ambicion n'attize
Le feu de mes passions:

Si pour destruire vng lignage
Par escrit, ou tesmoignage
Ma langue n'a point menty,
Si au sang de l'homme iuste
Auecques le plus robuste
Iamais ie n'ay consenty:

Si la vieille depiteuse
Du mal d'autruy conuoiteuse,
Si l'ire, si la ranqueur

(Et si quelque autre furie
A sur l'homme seigneurie)
Ne m'ont affolé le cœur,
Diuine maiesté haulte,
D'ou me viennent, sans ma faulte,
Tant de remors furieux?
O malheureuse innocence,
Sur qui ont tant de licence
Les astres iniurieux!
Heureuse la creature,
Qui a fait sa sepulture
Dans le ventre maternel!
Heureux celuy, dont la vie
En sortant s'est veu rauie
Par vn sommeil eternel!
Il n'a senty sur sa teste
L'ineuitable tempeste,
Dont nous sommes agitez,
Mais asseuré du naufraige
De bien loing sur le riuaige
A veu les flotz irritez.
Sus mon ame, tourne arriere,
Et borne icy la carriere
De tes ingrates douleurs:
Il est temps de faire espreuue,
Si apres la mort on treuue

La fin de tant de malheurs.
Ma vie deſeſperée
 A la mort deliberée
 Ia-deſia ſe ſent courir.
 Meure donques, meure, meure,
 Celuy, qui viuant demeure
 Mourant ſans pouuoir mourir.
Ainſi le Deuin d'Adraſte,
 Qui pour le filz d'Iocaſte
 Encontre Thebes ſ'arma,
 S'eſlançoit de grand'audace
 Dedans l'horrible creuace,
 Qui ſur luy ſe referma.
Vous, à qui ces durs allarmes
 Arracheront quelques larmes,
 Soyez ioyeux en tout temps,
 Ayez le ciel fauorable
 Et plus, que moy miſerable,
 Viuez heureux, & contens.

HYMNE CHRESTIEN.

O Seigneur Dieu, mon rampart, ma fience,
  Rampare moy du fort de pacience
Contre l'effort du corps injurieux,
Qui veult forcer l'esprit victorieux.
L'ardeur du mal, dont ma chair est attainte,
Me faict gemir d'vne eternelle plainte,
Moins pour l'ennuy de ne pouuoir guerir,
Que pour le mal de ne pouuoir mourir.

  Certes, Seigneur, ie sens bien, que ma faulte
Me rend coupable à ta maiesté haulte:
Mais si de toy vers toy ie n'ay secours,
Ailleurs en vain ie cherche mon recours.
Car ta main seule inuinciblement forte
Peult des enfers briser l'auare porte,
Et me tirer aux rayons du beau iour,
Qui luyt au ciel, ton eternel seiour.

  Si ie ne suys, que vile pourriture,
Tel que ie suis, ie suis ta creature.
N'est-ce pas toy, dont la diuine main
De vil bourbier forma le corps humain,
Pour y enter l'ame, que tu as feinte,
Su le protraict de ton image saincte?
  N'est-ce pas toy, qui formas la rondeur
Dl' vniuers, tesmoing de ta grandeur,

H.ij.

Et qui fendis l'obscurité profonde,
Pour en tirer la lumiere du monde?
N'est-ce pas toy, qui as prefix le tour
De l'Océan, qui nous baigne à l'entour?
Fichant aux cieux du iour la lampe clere,
Et le flambeau, qui à la nuict eclaire.

　　Et toutesfois ces grands oeuures parfaiz,
Que ta main saincte heureusement à faiz,
Doyuent perir, non ta parole ferme,
De qui le temps n'a point borné le terme.
Cete parole a promis aux esleuz,
Dont les saincts noms en ton liure sont leuz,
Ennuy, trauail, seruitude moleste,
Le seul chemin de ton regne celeste.

　　O trop ingrat ! ô trop ambicieux !
Cil, qui premier nous defferma les yeux.
Et qui premier, par trop vouloir congnoistre,
Fist le peché entre nous apparoistre.
Ce feut alors, que le ciel peu benin
Vomit sur nous son courroux, & venin,
Faisant sortir du centre de la terre
La paste faim, & la peste, & la guerre.

　　Le monde alors d'vne nüe empesché
Viuoit captif soubz les loix du peché,
De qui l'horreur sur tant d'ames immondes
Fist deborder la vengeance des ondes.

Alors Seigneur, d'vng clin d'œil seulement
Tu moissonnas la terre egalement,
Ne reservant de tant de miliers d'hommes,
Qu'vne famille en ces lieux, où nous sommes.

O bienheureux & trois, & quatre fois,
Qui a gousté le sucre de ta vois!
Et dont la foy, qui le peché defie,
En ton effort sa force fortifie.
Certes celuy, qui tel bien a receu,
De son espoir ne se verra deceu:
S'il est ainsi, que la foy sauua l'Arche,
Et d'Israël le premier Patriarche
Ce fut celuy, Seigneur, à qui tu fis
Multiplier le nombre de ses filz,
Plus qu'on ne voit d'estoiles flamboyantes,
Ou de sablon aux plaines ondoyantes.

Ce peuple alors contrainct de se ranger
Dessoubz les loix du barbare estranger,
Viuoit caprif: quand ta main fauorable
Luy fist sentir ton pouoir secourable:
Fendant le cours de l'onde rougissant,
Dont à pié sec ton peuple feut yssant,
Et vid encor loing derriere sa fuyte
Floter sur l'eau l'Egyptienne suyte.

Puis au mylieu des trauaulx, & dangers
Tu le guydas aux peuples estrangers

Par les deserts, ou vingt, & vingt années
Feurent par toy ces bandes gouuernées.
Là ta pitié, pour leur soif amortir,
Fist des rochers les fontaines sortir,
Et fist encor de ta main planteureuse
Neger sur eulx la manne sauoureuse.

  Là feut soubs toy Moyze ton amy
Chef de ta gent, qui murmuroit parmy
Les longs erreurs de ce desert sauuage,
D'auoir laissé l'Egyptien riuage.
Là maintefois le cours de ta fureur
Se desbrida sur l'obstinée erreur
De ces mutins, & tes loix engrauées
Se virent là mile fois deprauées.

  O quantefois de ton graue sourcy
Tu abysmas ce faulx peuple endurcy!
Qui mesprisant de son Dieu les louanges
Idolatroit apres les Dieux estranges.
Iustice adonq sur le peché naissant
Faisoit brandir son glayue punissant,
Et la pitié loing du ciel exilée
Erroit çà bas triste, & descheuelée.

  Finablement, ce peuple belliqueur
Guydé par toy, haulsa le chef vainqueur
Sur mile Roys, & peuples, que la guerre
Fist renuerser horriblement par terre,

Ains que les tiens par sentiers incongnuz,
Feussent aux champs planteureux paruenuz,
Ou tu auois des mainte, & mainte année
Au parauant leur demeure bornée.

Qui contera les dangers, & horreurs,
Les fiers combaz, & vaillantes fureurs
De Iosüe? & la braue entreprize
De Gedëon, que ta main fauorize?
Qui descrira ce Guerrier ordonné
Pour le rampart de ton peuple estonné,
Et le forfaict de la main desloyale,
Qui luy embla sa perruque fatale?
Qui chantera l'oracle d'Israël,
Ce grand prophete, & prestre Samüel,
Saül, Ionathe, & les despouilles vides
Rouges du sang de tes Israëlides?

O Dieu guerrier! des victoires donneur!
Donne à mes doigz, cete grace, & bonheur
De n'accorder sur ma lyre d'iuoyre
Pour tout iamais, que les vers de ta gloire.
S'il est ainsi, arriere les vains sons,
Les vains soupirs, & les vaines chansons,
Arriere amour, & les songes antiques
Elabourez par les mains poëtiques.
Ce n'est plus moy, qui vous doy' fredonner:
Car le Seigneur m'a commandé sonner

Non l'Odißée, ou la grand' Iliade,
Mais le discours de l'Israëliade.

Lors ie diray ce grand pasteur Hebrieu,
Qui s'opposa pour le peuple de Dieu:
Les saincts accords de sa Lyre faconde,
Le certain coup de sa fidele fonde
Auec' l'honneur de son premier butin,
Et le grand tronq du braue Philistin.
Ie chanteray par combien de trauerses
Il sceut tromper les embusches diuerses
De ses hayneux, ains que Dieu l'eust assis
Pour commender au peuple circoncis.
Heureux vray'ment si l'œil de Bersabée
Sa liberté n'eust onques desrobée,
Et s'il n'eust mis en proye à l'estranger
Celuy, qui feut de sa mort messager.

Las, ce qu'on voit de bonheur en ce monde,
Iamais constant, & ferme ne se fonde,
Et nul ne peut suyure d'vng cours entier
De la vertu le penible sentier.
Quel siecle encor' ne porte tesmoignage
Du Roy congneu par le surnom de sage?
Qui attraynant des plus barbares lieux
L'or, & l'argent, & le bois precieux,
Elaboura d'estofe, & d'artifice
Du temple sainct le superbe edifice.

Ce n'eſt icy, que deſcrire ie veux
De ſes vieux ans les impudiques feuz,
De ſa maiſon la grand' troppe laſciue,
Sa vanité, & ſa pompe exceſſiue,
Pour ſes faulx Dieux le vray Dieu mepriſé,
Et de ſon filz le ſceptre diuiſé.

Ie voy encor' les campagnes humides
Rougir au ſang de ces Abrahamides,
Peuple endurcy entre tous les humains:
Qui adorant l'ouurage de ſes mains,
Parfume Bâl d'encens, & ſacrifice.
Peuples, & roys, apprenez la iuſtice:
Et ſi de Dieu quelque peur vous auez,
Dedans voz cœurs hardiment engrauez
La mort d'Achab, & la ſerue couronne
De tant de roys, captifz en Babilonne.

Mais toy, ſeigneur, de qui le braz puiſſant
Decaptiua ton peuple languiſſant,
Si de bon cœur deuant toy ie lamente,
Romps le lien du mal, qui me tormente,
Ou mon eſprit, pour de toy l'approcher,
Tire dehors la priſon de la chair.

Ie ne veulx point par vng autel de terre
Encourtiné de verueine, & d'ierre,
Par vers charmez, ny par prodigues vœux,
Mottes, encens, ou meurtre de cent bœufz.

De ma santé haster la course lente,
Las! qui tant feut au partir violente.

  Gueriz, Seigneur gueriz moy de peché,
Dont le remede à tout autre est caché.
Alors mes vers, louant tes faictz loüables,
Te pourront estre offrandes agreables.

LA MONOMACHIE
de Dauid & de Goliath.

CEluy en vain se vante d'estre fort,
  Qui aueuglé d'vne ire outrecuydée
Ne voit combien peu sert vng grãd effort,
Quand de raison la force n'est guidée.
L'humble foiblesse est voluntiers aydée
De cetuy la, qui donne la victoire:
Mais du haultain la fureur debridée
Pert en vng coup & la force, & la gloire.
Ny le canon, ny le glaiue tranchant,
  Ny le rampart, ny la fosse murée
Ont le pouuoir de sauuer le meschant,
Dont le Seigneur la vengeance a iurée.
Les fiers torrens n'ont pas longue durée:
Et du sapin, vmbrage des montaignes,
La hauteur n'est si ferme & asseurée,
Que l'arbrisseau, qui croist par les cãpagnes.
O Dieu guerrier, Dieu que ie veulx chanter,
  Ie te supply, tens les nerfz de ma lyre:
Non pour le Grec, ou le Troyen vanter,
Mais le Berger, que tu voulus eslire,
Ce feut celuy, qui s'opposant à l'ire
Du Philistin mesprisant ta hautesse
Montra combien puissante se peut dire

Deſſou' ta main vne humble petiteſſe.
Toy, qui armé du ſainct pouuoir des cieux
 Deuant l'honneur, & les yeux de la France
 Domtas iadis l'orgueil ambicieux,
 Qui ſa fureur perdit au camp d'outrance:
 Puis que tu as de ce Dieu congnoiſſance,
 Qui des plus grands a la gloire etoufée,
 Eſcoute moy, qui louant ſa puiſſance
 Te viens icy eriger vng trophée.
Le Philiſtin, & le peuple de Dieu
 S'eſtoient câpez ſur deux croppes voiſines.
 Icy eſtoit aſſis le camp Hebrieu:
 Là ſe montroient les rentes Philiſtines:
 Quãd vn Guerrier flãbãt d'armes inſignes
 Sorty du camp du barbare exercite
 Vint deſier, & par vois, & par ſignes
 Tous les plus fors du peuple Iſraëlite.
Vingt & vingt fois ce braue Philiſtin
 Eſtoit en vain ſorty hors de ſa tente,
 Et nul n'aſpire, à ſi riche butin:
 Dont Saül pleure, & crie, & ſe tormente,
 Ou eſt celuy (diſoit il) qui ſe vente
 De ſ'oppoſer à ſi grand vitupere?
 A ceſtuy la ma fille ie preſente,
 Et affranchis la maiſon de ſon pere.
O Iſraël iadis peuple indomté!

Ou estoit lors ceste grande vaillance,
Dont tu auois tant de fois surmonté
Les plus gaillars par le fer de ta lance?
Las, il fault bien, que quelque tienne offence
Eust prouoqué la vangeance diuine,
Puis que ton cœur eut si foible defence
Contre vne audace, & gloire Philistine.
On voit ainsi de peur se tapissant
Par les buyssons les humbles colombelles,
Qui ont de loing veu l'aigle rauissant
Tirer à mont, & fondre dessus elles.
Alors ce fier auec' sifflantes ailes
Ores le hault, ores le bas air tranche:
Et craquetant de ses ongles crüelles,
Raude à l'entour de l'espineuse branche.
Tel se monstroit ce Guerrier animé:
Et qui eust veu la grandeur de sa taille,
Il eust iugé ou vng colosse armé,
Ou vne tour desmarcher en bataille.
Son corps estoit tout herissé d'escailles
D'airain estoit le reste de ses armes.
Le fer adonq', & l'acier, & la maille
N'estoient beaucoup vsitez aux alarmes.
Son heaume seut comme vng brillant escler,
Sur qui flotoit vng menaçant pennache:
Nembroth estoit protraict en son boucler:

Sa main brŭloit l'horreur d'une grăd'hache.
Ainſi armé, par cent moyens il taſche
Son ennemy à la campagne attraire:
Mais Iſraël en ſes tentes ſe cache,
Epoüanté d'vng ſi fier auerſaire.

O (diſoit il) fuyarde nation,
Nourrie au creux des antres plus ſauuages,
Qui as laiſſé ton habitation
Pour labourer noz fertiles riuages.

Ou eſt ce Dieu, ou ſont ces grands courages,
Dont tu marchois ſi ſuperbement haute?
Voicy le braz vangeur de tant d'outrages,
Qui te fera recongnoiſtre ta faulte.

Ie ſuis celuy, qui auec ces deux mains
Me feray voye au celeſte habitacle.
Lequel des Dieux, ou lequel des humains
Oſera donc ſ'oppoſer pour obſtacle?

O ſotte gent, qui pour vng faulx miracle
Te vas paiſſant de ces vaines merueilles,
Ce n'eſt pas moy, que la voix d'vng oracle
Si doucement tire par les oreilles.

Ou eſt celuy, qui batailloit pour toy,
Ie dy celuy, qu'Iſraël tant honnore?
Que ne vient il ſ'oppoſer contre moy,
Qui autre Dieu, que ma force n'adore?
Pauure ſoldat, qui ſur toy verras oré

D'vng rouge lac cete plaine arrouzee,
Mieux te valust en tes dezers encore'
Viuoter d'eau, & de blanche rozee.
O gaillard peuple! ô hardy belliqueur
Parmy les boys, ou fur quelque montaigne!
Est-ce ton Dieu, ou bien faulte de cœur,
Qui te defend defcendre à la campagne?
Vng cœur vaillant, que la force accopagne,
En vng rampart voluntiers ne fe fie.
Si quelqu'vng donq' en la vertu fe bagne,
Voicy au camp celuy, qui le defie.
Comme en vng parc, qui eft enuironné
Du peuple oyzif à quelque iour de fefte,
Le fier taureau au combat ordonné
Deça dela va contournant fa tefte:
Ce Philiftin, qui au combat f'apprefte,
Brauant ainfi de menaces terribles
Faifoit floter les plumes de fa crefte,
Rempliffant l'air de blafphemes horribles.
Le camp Hebrieu tremblant à cete fois
D'vng teinct de mort alla peindre fa face,
Criant au ciel d'vne publique vois,
Vange Seigneur, la facrilege audace
De ce cruel, qui ton peuple menace.
Lors le Seigneur esbranlant fa main dextre,
Donnoit aux fiens vng figne de fa grace,

Heureusement tonnant à la seneſtre:
Et ſur le champ apparoiſtre lon voit
Vng Bergerot à la chere eueillée:
Sa pennetiere en eſcharpe il auoit,
Et à ſon braz ſa fonde entortillée.
Lors des deux camps la tourbe emerueillée
D'vng œil fiché, en bëant le regarde,
Quand d'vne grace au danger aueuglée
Le gay Berger au combat ſe hazarde.
Mais quand ce fier vint à le regarder
Si brauement marchant parmy la plaine,
D'yng riz amer ſe priſt à l'œillader,
Et de le voir plaignoit quaſi la peine.
Puis tout ſoudain d'vne audace haultaine
Se renfrongnant en horrible furie,
Hauſſa la teſte, & d'vne vois loingtaine
Le ſuruenant par tels mots il eſcrie.
Dy moy chetif, de ta vie ennuyé,
Petit bout d'homme, & honte de nature,
Quel tien hayneux t'a icy enuoyé,
Pour eſtre faict des corbeaux la paſture?
Tu me fais honte, ô vile crëature!
Quand ie t'aguigne, & quãd ie me cõtẽple.
Si mouras-tu ô la belle auanture!
Pour en dreſſer la deſpouille en vng temple,
Mais que ne vient ſur cete arene icy

Ce fier Säul auec' fa lance? voire
Ce fort Abner, & ce Ionathe auſſi,
A qui ſon arc a donné tant de gloire?
C'eſt là, c'eſt là, que ma vertu notoire
Se deuſt baigner: non point en cete fange,
Qui ſouillera l'honneur de ma victoire,
Et par ſa mort accroitra ſa louange.
Ha grand maſtin (reſpondit le Berger)
Tes gros aboys me donnent aſſurance.
Car Dieu, qui veult tes blaſphemes vager,
Eſt le boucler de ma ferme eſperance.
Deſia ſa main ſur ton chef ſe ballance,
Pour ton grand cors accabler ſou' ſa foudre:
Et me voicy, que ſa iuſte vangeance
Pouſſe vers toy, pour te rüer en poudre.
Ce diable adonq tonnant horriblement,
Et tout baueux d'ecumeuze fumiere,
Grinſa les dents eſpoüantablement,
Et en fronçant nez, & front, & paupiere,
Blaſphema Dieu, le ciel, & la lumiere.
Ainſi entre eux de parolle ilz s'attachent:
Puis ſe haſtant d'vne alúre plus fiere
Diuerſement au combat contre-marchent.
Le Philiſtin de fureur aueuglé,
Roüant ſa maſſe, alloit d'ardent courage,
A gueule onuerte, & à pas dereglé

I. i.

Portant la peur, la tempeste, & l'orage.
Mais le Berger d'vne allûre plus sage
Son ennemy ores costoye, & ores
Subtilement luy met droict au visaige
Le vent, la poudre, & le soleil encores.
Comme lon void au pié d'vne grand' tour,
Qu'à la campagne egaler on s'eforce,
Le pïonnier mynant tout à l'entour
Faire vne trace à la poudreuze amorce:
Non autrement, par vne longue entorce
Ce cault Berger guygnant à teste basse
Contre-gardoit son impareille force
Contre l'horreur de la pesante masse.
Le grand Guerrier à tour, & à trauers
Menoit les braz d'vne force incroyable,
Et fendant l'air par vng sifflant reuers
Alloit finir ce combat pitoyable:
Quand du Seigneur la bonté secourable
Trompa le coup de la crüelle dextre,
Qui lourdement foudroyant sur le sable,
Raza les pieds du Berger plus adextre.
Finablement, courbé sur les genous,
Pâché à droict, d'vng pié ferme il se fonde:
Ainsi que Dieu, lors qu'il darde sur nous
Le feu vangeur des offences du monde.
Ce fort Hebrieu roüant ainsi sa fonde
Deux fois, trois fois, assez loing de sa teste,

Auec' vn bruit, qui en fendant l'air grõde,
 Fist defcocher le traict de fa tempefte.
Droict fur le front, ou le coup fut donné,
 Se va planter la fureur de la pierre.
 Le grand Coloſſe à ce coup eftonné
 D'vn fault horrible alla brūcher par terre.
 Son harnois tonne, & le vainqueur le ferre:
 Puis le cyant mefmes de fon efpée,
 Entortilla, pour le prix de fa guerre,
 Au tour du bras la grand' tefte coupée.
Lors Ifraël, que la peur du danger
 Suyuoit encor' en fa victoire mefme,
 Sort de fon camp, & du vainqueur Berger
 Enuoye au ciel la louange fupreme.
 Le Philiftin pafle de peur extreme
 Montre le doz, d'vne fuyte vilaine:
 Abãdõnant le grãd tronq froid, & blefme,
 Qui gift fans nom fur la dezerte plaine.
Chantez mes vers, cet immortel honneur,
 Dont vous auez la matiere choizie.
 Ce vous fera plus de gloire, & bonheur,
 Que les vieux fons d'vne fable moizie.
 Car tout au pis, quand voftre poëzie
 Du long oubly deuroit eftre la proye,
 Si auez vous plus faincte fantaizie,
 Que le fonneur des Pergames de Troye.

ODE AV REVE-
rendiß. Cardinal
du Bellay.

CEtuy la, qui s'estudie
  Representer en ses vers
  Tous les accidens diuers
  De l'humaine tragedie,
  Celuy encores descriue
  Tous les floz tumultueux,
  Qui retournent à la riue
  D'Euripe l'impetueux.
L'air, le feu, la terre, l'onde,
  Et les astres coniurez
  Nous rendent peu asseurez
  Contre l'orage du monde.
  Le fort cruel nous deuore
  Par non reuocable loy:
  Mais l'homme n'a point encore'
  Plus grand ennemy, que soy.
Tout autre animal apporte
  Plus grande commodité
  Armant sa natiuité
  D'vne defence plus forte,
  L'Homme seul à sa naissance

Par gemiſſemens, & pleurs
Teſmoigne ſon impuiſſance,
Preſage de ſes malheurs.
Mais ſi la Nature amere
Aux hommes tant ſeulement,
Nous eſt eternellement
Trop plus meratre, que mere,
Il ne faut pourtant, que l'homme
Entre tous les animaux
Seul miſerable ſe nomme,
Eſclaue de mile maux.
L'Ame en l'vniuers encloſe
Baillant nourriture aux cieux,
A l'onde, à la terre, aux yeux,
Qui eclerent toute choſe,
N'eſt-ce pas Dieu, qui embraſſe
Les membres de ce grand corps,
Agitant toute la maſſe
Par amyables diſcors?
Cete Ame de la Nature
Forma le dernier de tous,
L'Animal, qui eſt plus doux,
Et plus noble creature.
Affin qu'il feuſt ſeul capable
D'vng ſens plus diuin, & hault,
Eſtant auſſi plus coupable,

Si la raizon luy defaut.
La Prouidence diuine
   Mist en nous ses petiz feux,
   Nous faisant sentir par eux
   Le lieu de nostre origine.
   Ainsi de raizon l'vsage,
   Qui n'est en autre animal,
   Fait que l'homme, qui est sage,
   Discourt le bien & le mal.
Mais le gros fardeau moleste,
   Dont nostre esprit est vestu,
   Tarde souuent la vertu
   De l'ame, qui est celeste.
   De là prouient la liesse,
   La douleur, & le souci,
   La peur, & la hardiesse,
   La haine, & l'amour aussi.
De là prouient la furie
   De toutes les passions,
   Qui sur noz affections
   Exercent leur seigneurie;
   Si la raizon, seule guide
   De noz espris aueuglez,
   Souuent ne hause la bride
   Aux apetiz dereglez.
Vng chacun durant sa vie

Porte vng domeſtique Dieu,
Qui touſiours, & en tout lieu
Secretement le conuie.
Voyla pourquoy nous ne ſommes
D'vng meſme deſir domtez:
Autant que nous voyons d'hommes,
Autant ſont de voluntez.
Mais ny la court, ny les princes,
Ny le fer victorieux,
Ny l'honneur laborieux
De commander aux prouinces,
Ny les muſes, que i'adore,
Ny vng plus graue ſçauoir
Le ſouuerain bien encore
Ne me feront pas auoir.
Ie ne blame la richeſſe,
Ny les honneurs, ny les biens,
Que pourroit bien faire miens
Du Roy la grande largeſſe.
I'admire la bonne grace,
La beauté plaiſt à mes yeux,
I'honnore vne antique race,
Mais la vertu me plaiſt mieux.
Tout ce, qui eſt hors de l'homme,
L'homme le deſire, afin
De paruenir à la fin,

Que suffizance lon nomme.
Mais la vertu, estimable
Plus, que tout l'Indique honneur,
Pour elle mesme est aimable,
Et non pour autre bonheur.
L'ayant pour ta guide prize,
O l'ornement des prelaz!
Tu montre' bien, que tu l'as
En tes premiers ans apprize:
Fuyant l'alechante amorce,
Qui noz plus ieunes desirs
Tirent d'vne doulce force
Aux peu durables plaisirs.
Car sortant du ieu d'enfance
Aux exercices plus fors,
Ta vertu sortit alors
Deuant les yeux de la France.
Puis d'vne aile plus legere
Volant aux peuples diuers,
La publique Messagere
L'a porta par l'Vniuers.
Quel nombre pourroit suffire
A raconter les dangers,
Qui par les floz etrangers
Ont agité ta nauire?
Et celle de ton grand frere,

Qui par l'heur de ſa vertu
Rendoit la France proſpere,
Et l'Eſpagnol abatu.
Comme du haut des montaignes,
Alors que la nege fond,
Deux hardis fleuues ſe font
Diuers cours par les campaignes,
Et puis en vne valée
Venant a ſe ioindre en vng,
Courent à bride aualée,
Auecques vng nom commun :
Ainſi, l'indomte couraige
Du vaillant-docté L A N G E',
Qui par la mort ſ'eſt vangé
De l'obliuieux outrage,
Ioingnant ſon nom, & ſa courſe
Au tien, qui n'eſt moins congneu,
Nous monſtre de quelle ſource
Et l'vng, & l'autre eſt venu.

LA LYRE
Chrestienne.

MOy cestuy la, qui tant de fois
    Ay chantè la muse charnelle,
Maintenant ie haulse ma vois
Pour sonner la muse eternelle.
De ceulx là, qui n'ont part en elle,
L'applaudissement ie n'attens,
Iadis ma folie estoit telle,
Mais toutes choses ont leur temps.
Si les vieux Grecz & les Romains
    Des faux Dieux ont chapté la gloire,
Seron' nous plus qu'eulx inhumains,
Taisant du vray Dieu la memoire?
D'Helicon la fable notoire
Ne nous enseigne à le vanter:
De l'onde viue il nous fault boyre,
Qui seule inspire à bien chanter.
Chasse toute diuinité
    (Dict le Seigneur) deuant la mienne:
Et nous chantons la vanité
De l'idolatrie ancienne.
Par toy, ô terre Egyptienne!
Mere de tous ces petiz Dieux,
Les vers de la Lyre Chrestienne

Nous semblent peu melodieux.
Iadis le fameux inuenteur
De la doctrine Academique
Chassoit le poëte menteur
Par les loix de sa republique.
Ou est donq' l'esprit tant cynique,
Qui ose donner quelque lieu
Aux chansons de la Lyre ethnique,
En la republique de Dieu ?
Si nostre muse n'estoit point
De tant de vanitez coyfée,
La saincte voix, qui les cœurs poingt,
Ne seroit par nous estoufée.
Ainsi la grand' troppe echaufée
Auec' son vineux Euöé
Estrangloit les chansons d'Orphée
Au son du cornet enröué.
Cestuy là, qui dict, que ces vers
Gastent le naïf de mon style,
Il a l'estomac de trauers,
Preferant le doulx à l'vtile:
La plaine heureusement fertile,
Bien quelle soit veufue de fleurs,
Vault mieulx, que le champ inutile
Emaillé de mile couleurs.
Si nous voulons emmieller

Noz chansons de fleurs poëtiques,
Qui nous gardera de mesler
Telles doulceurs en noz cantiques?
Conuertissant à noz praticques
Les biens trop long temps occupez
Par les faulx possesseurs antiques,
Qui sur nous les ont vsurpez.
D'Israël le peuple ancien
Affranchi du cruel seruice,
Du riche meuble Egyptien
Fist à Dieu plaisant sacrifice:
Et pour embellir l'edifice
Que Dieu se faisoit eriger
Salomon n'estima pas vice
De mandier l'or estranger.
Nous donques faisons tout ainsi:
Et comme bien ruzéz gendarmes
Des Grecz & des Romains aussi
Prenons les bouclers & guyzarmes,
L'ennemy baillera les armes,
Dont luy mesme sera batu.
Telle fraude au faict des alarmes
Merite le nom de vertu.
O fol, qui chante les honneurs
De ces faulx Dieux, ou qui s'amuse
A farder le loz des seigneurs

Plus aimez, qu'amys de la muse.
C'eſt, pourquoy la mienne refuſe
De manïer le luc vanteur.
L'eſpoir des princes nous abuſe,
Mais noſtre Dieu n'eſt point menteur.

Celuy (Seigneur) à qui ta vois
Viuement touche les oreilles,
Bien qu'il ſommeille quelquefois,
Finablement tu le reueilles:
Lors en tes œuures non pareilles
Fichant ſon eſprit, & ſes yeux,
Il ſe rid des vaines merueilles
Du miſerable ambicieux,

Qui eſlongné du droiĉt ſentier
Suyt la tortueuſe carriere,
Ou celuy, qui eſt plus entier,
Plus ſouuent demeure en arriere.
Humant la faueur iournaliere
Compaigne des ſouciz cuyzans,
Et la vanité familiere
A la tourbe des courtizans.

Ma nef, euitez ce danger,
Et n'attendez pas, que l'orage
Par force vous face ranger
Au port apres voſtre naufrage.
L'homme ruzé par long vſage

N'eſt follement auantureux:
Mais qui par ſon peril eſt ſage,
Celuy eſt ſage malheureux.
Bien heureux donques eſt celuy,
Qui a fondé ſon aſſeurance
Aux choſes, dont le ferme appuy
Ne deſment point ſon eſperance.
C'eſt luy, que nulle violence
Peult eſbranler, tant ſeulement
Si bien il ſe contreballence
En tous ſes faictz egalement.
Celuy encor' ne cherche pas
La gloire, que le temps conſomme:
Saichant que rien n'eſt icy bas
Immortel, que l'eſprit de l'homme.
Et puis le poëte ſe nomme
Ores cigne melodieux,
Or' immortel & diuin, comme
S'il eſtoit compaignon des Dieux.
Quand i'oy les muſes cacqueter,
Enflant leurs motz d'vng vain langage,
Il me ſemble ouyr cracqueter
Vng perroquet dedans ſa cage,
Mais ces folz, qui leur font hommage
Amorçez de vaines doulceurs,
Ne peuuent ſentir le dommage,

Que traynent ces mignardes Sœurs.
Si le fin Grec euſt eſcouté
† La muſique Sicilienne
Peu cautement : ſ'il euſt gouté
A la couppe Circeïenne,
De ſa doulce terre ancienne
Il n'euſt regouté les plaizirs:
Et Dieu chaſſera de la ſienne
Les eſclaues de leurs dezirs.
O fol, qui ſe laiſſe enuieillir
En la vaine philoſophie,
Dont l'homme ne peut recueillir
L'eſprit, qui l'ame viuiſie!
Le Seigneur, qui me fortifie
Au labeur de ces vers plaiſans,
Veut, qu'a luy ſeul ie ſacriſie
L'offrande de mes ieunes ans.
Puys quelque delicat cerueau
D'vne impudence merueilleuſe
Dict, que pour vng eſprit nouueau
La matiere eſt trop ſourcilleuſe.
Pandant la vieilleſſe honteuſe
D'auoir pris la fleur pour le fruict,
Haſte en vain ſa courſe boyteuſe
Apres la vertu, qui la fuyt.
Celuy, qui prenoit double prix

De ceux, qui ſous vng autre maiſtre
L'art de la Lyre auoient appris,
M'enſeigne ce que ie dois eſtre.
Sus donques, oubliez ma dextre,
De ceſte Lyre les vieux ſons,
Affin que vous ſoyez adextre
A ſonner plus haultes chanſons.
Mais (ô Seigneur) ſi tu ne tens
Les nerfz de ma harpe nouuelle,
C'eſt bien en vain, que ie pretens
D'accorder ton loz deſſus elle.
Que ſi tu veulx luy preſter l'aiſle,
Alors d'vng vol audacieux,
Chantant ta louange immortelle,
Ie voleray iuſques aux cieux.
Le luc ie ne demande pas,
Dont les filles de la memoire
Apres les Phlegrëans combas
Sonnerent des Dieux la victoire.
Deſormais ſur les bordz de Loyre
Imitant le ſainct pouce Hebrieu,
Mes doigtz fredonneront la gloire
De celuy, qui eſt trois fois Dieu.

DISCOVRS SVR LA
louange de la vertu, & sur les diuers erreurs des hommes.

A SALM. MACRIN.

Bien que ma muse petite
  Ce doulx-vtile n'immite,
Qui si doctement escrit,
Ayant premier en la France
Contre la saige ignorance
Faict renaistre Democrit.

Pourtant, Macrin ne te fasche
  Si la bride vng peu ie lasche
Au soing qui l'esprit me rompt:
Et se pour t'aider à rire,
  I'ay entrepris de t'escrire,
  Pour me derider le front.

La felicité non faulse,
  L'eschelle, qui nous surhaulse
Par degrez iusques aux cieux,
N'est-ce pas la vertu seule,
  Qui nous tire de la gueule
  De l'Orque auaricieux?

L'homme vertueux est riche,
  Si sa terre tumbe en friche,

K.i.

Il en porte peu d'ennuy :
Car la plus grande richesse,
Dont les Dieux luy font largesse,
Est tousiours auecques luy.
Il est noble, il est illustre :
Et si n'emprunte son lustre
D'vne vitre, ou d'vng tumbeau,
Ou d'vne image enfumée,
Dont la face consumée
Rechigne dans vng tableau.
S'il n'est duc, ou s'il n'est prince
D'vne, & d'vne autre prouince,
Si est-il Roy de son cœur :
Et de son cœur estre maistre,
C'est plus grand' chose que d'estre
De tout le monde vainqueur.
Si les mains de la nature
Toute sa linëature
N'ont mignardé propement,
Si en est l'esprit aymable,
Et qui est plus estimable
Le corps, ou l'accoustrement ?
La richesse naturelle
C'est la santé corporelle :
Mais si le ciel est donneur
D'vne ame saine, & lauée

De toute humeur deprauée,
C'est le comble du bonheur.
Que me sert la docte escolle
De Platon, ou que i'accolle
Tout cela, que maintenoit
Le grand Peripatetique,
Ou tout ce, qu'en son portique
Zenon iadis soustenoit:
Si l'ignorant & pauure homme
Tout ce, que vertu on nomme,
Garde precieusement,
Pandant, que monsieur le sage,
Qui n'a vertu qu'au visage,
En parle ocieusement?
Que me sert-il, que i'embrasse
Petrarque, Vergile, Horace,
Ouide, & tant de secrez,
Tant de Dieux, tant de miracles,
Tant de monstres, & d'oracles,
Que nous ont forgé les Grecz:
Si pandant, que ces beaux songes
M'apastent de leurs mensonges
L'an, qui retourne souuent,
Sur ses ailes empennées
De mes meilleures années,
M'enporte auecques le vent?

Que me ſert la thëorique
　Du nombre Pythagorique:
　Vng rond, vne ligne, vng poinct:
　Le pinceter d'vne chorde,
　Ou ſçauoir, quel ton accorde,
　Et quel ton n'accorde point:
Que me ſert voir tout le monde
　En papier, où ie me fonde
　A l'arpanter pas à pas:
　Si en mon cœur ie n'eu onques
　Meſure, ou nombre quelquonques,
　Accord, reigle, ny compas?
Que me ſert l'architecture,
　La perſpectiue, & peincture,
　Ou au mouuement des cieux
　Contempler les choſes haultes,
　Si pour congnoiſtre mes faultes
　Ie ne me voy, que des yeux?
Que ſert vne longue barbe,
　Vng clyſtere, vne reubarbe,
　Pour me faire vertueux?
　Ou vne langue ſçauante,
　Ou vne loy miſe en vante
　Au barreau tumultueux?
Que me ſert-il, que ie vole
　De l'vng iuſqu'a l'autre pole,

Si ie porte bien souuent

La peur, & la mort en pouppe,

Auecques l'horrible trouppe

Des ondes grosses du vent?

Que me sert, que ie m'ottroye

Pour quelque petite proye

Au sort douteux des combaz,

Si la fortune crüelle,

Et la mort continüelle

Me talonnent pas à pas?

Que me sert-il, que ie suyue

Les princes, & que ie viue

Aueugle, müet, & sourd,

Si apres tant de seruices

Ie n'y gaigne, que les vices,

Et les bons iours de la court?

C'est vne diuine ruze

De bien forger vne excuze,

Et en subtil artizan,

Soit qu'on parle, ou qu'on chemine,

Contrefaire bien la myne

D'vng vieil singe courtizan.

C'est vne loüable enuie

A ceux, qui toute leur vie

Veulent demourer oyzeux,

D'vng nouueau ne faire conte,

Et pour garder, qu'il ne monte,
Tirer l'eschelle apres eulx.
C'est belle chose, que d'estre
Des hommes appellé maistre:
Et du vulgaire eslongné,
Ne parlant qu'en voix d'oracle,
Espouänter d'vng miracle,
Et d'vng sourcy renfrongné.

C'est chose fort singuliere
Qu'vne reigle irreguliere
Dessoubs vng front de Caton:
Ou dire, qu'on est fragile,
Affeublant de l'Euangile
La charité de Platon.

C'est vne heureuse poursuytte
Estre dix ans à la suyte
D'vng benefice empestré:
Et puis pour toute resourse
Vider & procez, & bourse
Par vng arrest non chastré.

C'est vne belle science,
Pour faire vne experience
Auant qu'estre vieil routier,
Par la mort guerir les hommes,
Et puis dire, que nous sommes
Des plus sçauans du mestier.

C'eſt vng vertueux office,
Auoir pour ſon exercice
Force oyzeaux, & force aboys
Et en meutes bien courantes
Clabauder toutes ſes reutes
Par les champs, & par les boys.

C'eſt vne choſe diuine,
Qu'vne femme ou ſotte, ou fine.
C'eſt encor' vng heureux poinct
De l'auoir pauure, & fœconde:
Puis monſtrer à tout le monde
Les cornes, qu'on ne void point.

C'eſt vng heureux aduantage,
Qu'vng Alambic en partage:
Vng fourneau Mercurien:
Et de toute ſa ſuſtance
Tirant vne quinte eſſence,
Multiplier tout en rien.

C'eſt vne choſe fort graue
Eſtre magnifique, & braue:
Et ſans y eſpargner Dieu
S'obliger en beau langage:
Et puis mettre tout en gage
Pour enrichir ſainct Matthieu.

C'eſt choſe noble, que d'eſtre
En lice, en carriere adextre

Soit de nuict, ou soit de iour:
Bon au bal, bon à l'escrime :
Puis d'vng luc, & d'vne ryme
Trionfer dessus l'amour.
Ce sont beaux motz, que brauade,
Soldat, cargue, camyzade,
Auec' vng braue san-dieu:
Trois beaux detz, vne querelle,
Et puis vne maquerelle,
C'est pour faire vng Demy-dieu.
Ce sont choses fort aigües
Par sentences ambigües
Philosopher haultement:
Et voyant, que la fortune
Ne nous veult estre opportune,
Nous feindre vng contentement.
Quel estat doy-ie donq suyure,
Pour vertueusement viure ?
Ie ne parle desormais
Du courtizan, ou agreste:
Car c'est la fable d'Oreste,
Qui ne s'acheue iamais.
Le tonneau Diogenique,
Le gros sourcy Zenonique,
Et l'ennemy de ses yeux,
Cela ne me deifie:

*La gaye philosophie
D'Aristippe, me plaist mieulx.*
Celuy en vain se trauaille,
Soit en terre, ou soit qu'il aille,
Ou court l'auare marchant,
Qui fasché de sa presence,
Pour trouuer la suffisence
Hors de soy la va cherchant.
Macrin, pandant qu'à Iurée
Dessus ta lyre enyurée
Du nectar Aönien
Tu refredones la gloire,
Qui consacre à la memoire
Ton Mecenas, & le mien:
Ma muse, qui se pourmeine
Par Aniou, & par le Meine,
A faict ce discours plaisant:
Ryant les erreurs du monde,
Ou en raison ie me fonde,
Le sage contrefaisant.

❧LES DEVX MAR-
guerites.

SVs, ma Lyre, deformais
  Chante plus doulx, que iamais,
  L'vne & l'autre MARGVERITE
  Ce font les deux fleurs de flite,
  Ou il fault cuillir le miel
  Des chanfons dignes du ciel.
Iadis les Dieux transformoient
  En aftres ceulx, qu'ilz aimoient,
  Et fi les vers font croyables,
  Les campagnes pitoyables
  Groffes de fang, & de pleurs
  Enfantoient les belles fleurs.
Le ciel, qui donne fes lois
  Soubz le fceptre de VALOIS
  A mis au rang des planettes
  Les plus ardentes & nettes
  Tous les rameaux bienheureux
  De ce Tige planteureux.
Là, eft l'honneur d'Angoumois
  CHARLES, & le grand FRANCOIS,
  FRANCOIS, & CHARLES encores
  Deux feux, qui eclairent ores
  Tout ainfi que les flambeaux

Des freres,qui sont iumeaux.
Ilz luyzent d'ordre la hault,
Et si des mortelz il chault
A ceux la ,qui plus ne meurent:
Nòz Rois,qui au ciel demeurent
Ne reiectent pas les yeux
De leurs enfans & neueuz.
Du sang,que i'ay tant loué,
Qui des Dieux est auoué,
Deux belles fleurs sont venues:
L'vne vole sur les nues
Qui a le ciel eclaircy,
Et l'autre florist icy.
Ce dyamant,que voila
Est frere de cestuy-la:
Ces rozes s'appellent rozes,
Ces deux fleurettes declozes,
Qui se ressemblent ainsi,
Ont vng mesme nom aussi.
Ne me vantez plus ô Grecz
De Narcisse les regrez,
Ny la fleur de ses pleurs née:
Ny l'ardeur Apollinée,
Hyacint',dont le malheur
Fist naistre vne rouge fleur.
Ne me vantez plus aussi,

Ny *Phebus*, ny *son Soucy*,
  Ny *la fleur Adonienne*,
  Ny *la Telamonienne*,
  Ny celles, par qui *Iunon*
  Aquist de mere le nom.
Ne me vantez le *seiour*,
  Qui voit reuiure le iour,
  Ou du marinier sont quises
  Les *Marguerites* exquises:
  De la *France* le bonheur
  Surmonte l'*Indique* honneur.
Sus donc, ô *François* esprits,
  Donnez l'honneur & le pris
  A la *Marguerite* saincte:
  Faictes de sa mort complaincte,
  Par qui les auares cieux
  Ont rauy tout nostre mieux.
Dictes comme elle auoit eu
  L'honneur, l'esprit, la vertu,
  Qui tout nostre siecle honnore:
  Et de celle dont encore
  Les iours ne sont reuoluz,
  Dictes en autant, ou plus.
C'est de mes vers l'ornement:
  Seule, qui diuinement
  Anime, enhardist, inspire

Les bas fredons de ma Lyre:
C'est elle, & ie sçay combien
Mes chansons luy plaisent bien.
Si des premiers ie n'ay pas
Orné le Royal trespas,
Aussi ma Muse est trop basse
Pour vne premiere place:
Et qui sçait si les derniers
Se feront point les premiers?
Les artizans bien subtilz
Animent de leurs outilz
L'airein, le marbre, le cuyure:
Mais châcun ne peut pas suyure
Si hault & braue argument,
Comme vng royal monument.
Cestuy son sepulchre a bien,
Et cestuy cy a le sien:
Mais François, dont la memoire,
Seule tumbe de sa gloire
Par tout le monde s'etend,
Son sepulchre encor' attend.
L'edifice elabouré,
Dont Mausole est honnoré,
Les erreurs Dedaliennes,
Les poinctes Egyptiennes,
Et tout autre œuure parfaict,

En vng iour ne fut pas faict.
Qui a le stile assez hault,
Pour epuyser, comme il fault,
Vne gloire si feconde?
Le grand Monarque du monde
De tout peintre, & engraueur
Ne cherchoit pas la faueur.
Si me puis-ie bien vanter,
De faire icy rechanter
Les trois Angloizes Charites,
Qui l'vne des Marguerites
Portent aux astres plus haulx
En deux cent pas inegaulx.
Les Dieux de noz biens ialoux
T'auoient plantée entre nous,
Royale fleur de Nauarre,
Et puis, d'vne main auare
T'arrachant de ces bas lieux,
Ilz t'ont replantée aux cieux.
Lá, le chault & la froideur
Ne seichent point ta verdeur,
Verdeur, que tousiours euante
Vng Zephyre, qui doulx-uante
En ces lieux, ou en tout temps
On voit rire le printemps.
Lá, de mile & mile espriz

Qui volent par le pourpris,
Le ciel, qui sienne t'appelle,
Ne voit vne ame plus belle:
Le ciel ne peut il pas bien
Reprendre ce, qui est sien?
Le ciel t'a reprise donc,
  Nous laissant d'vng mesme tronc
  Cete autre Fleur, ta compaigne,
  Et ta fille, qui se baigne
  En ce labeur glorieux,
  Qui t'a mise au rang des Dieux.
Permette le ciel amy,
  Qu'apres vng siecle & demy
  La Fleur icy florissante
  A la Fleur non perissante
  Puisse voler d'vng prinsault,
  Pour se reioindre la hault.
Ce pendant nous, qui viuons,
  Ces doux vers nous escriuons,
  Affin que de race en race
  L'immortalité embrasse
  La non-mortelle valeur
  De l'vne & de l'autre Fleur.

ODE AV SEIGNEVR
des Essars sur le discours de
son Amadis.

Celuy, qui vid le premier
　Auec sa torche etherée
L'embrassement coutumier
De Mars, & de Cytherée,
Ce fut le tout-voyant Dieu,
Celuy, qui tient le milieu
Du chœur Hypocrenien,
Dieu par qui fut reuelée
Cete amour long temps celée
Au Feuure Iunonien.
Ce Feuure couuert alors
De sueur, & de poudriere
Doroit vng harnoys de cors
A la scauante Guerriere;
Ouurage laborieux,
Ou l'ouurier industrieux
Auoit feinct subtilement
Les sciences, & les armes,
Que sa sœur docte aux alarmes
Fauorize egalement.
Mais la honte, & le desdain,

Qui luy domtent le courage,
Luy font oublier soudain
Cet ingenieux ouurage.
Lors de ses plus fins outilz
Il forge les rez subtilz
Attachez à clouds d'aymant,
Dont la mesme Ialouzie,
Si on croit la poëzie,
Lia l'vng, & l'autre amant.
Ayant dreßé ses appaz,
Il sort de son domicile,
Tournant feintement ses paz
Aux fournaizes de Secile.
Ou les braz acoustumez
Des Cyclopes enfumez
Coup sur coup vont martelant,
D'vne tenaille mordente
Retournant la masse ardente
Du tonnerre etincelant.
Là ce Vieillart Lemnien
Feint d'aller à l'heure, à l'heure,
Pour donner au Thracien
L'oportunité meilleure:
Puis auecques vng long tour
Celant son traistre retour
Pour surprendre l'estranger,

Ce sot ialoux delibere
Par vng plus grand vitupere
Sa grande honte vanger.
A peine ce Dieu boyteux
Auoit la porte paßée,
Et ia l'amant conuoyteux
Tenoit sa dame embraßée:
Et preßant l'iuoyre blanc,
Or' la cuyße, ores le flanc,
Or' l'estomac luy serroit,
Cueillant à leures desclozes
L'ame, qui parmy les rozes
Entre deux langues erroit.
Ia-ia le feu rauißant
Des doulces flammes cruëlles
D'vng long soupir languißant
Humoit leurs tiedes moëlles:
Et voicy de toutes pars
Mile petiz neuds espars,
Dont les deux amans lacez
Plus fort s'estraignent & lient,
Que les vignes ne se plient
Sur les ormes embraßez.
Pres du lict, qui gemißoit,
Tesmoing d'vng si doulx martyre,
Le ialoux se tappißoit,

Mordant ses deux leures, d'ire.
Puis courant deça dela,
En sa chambre il appella
Toute la trouppe des Dieux,
Et palissant de colere
Leur montra cet adultere,
Ioyeuse fable des cieux.
Mars paizible à cete fois,
Fronçant le hault de sa face,
Remachoit à basse vois
Ie ne sçay quelle menace.
Venus d'vng regard piteux
Tenoit en bas l'œil honteux,
Et de ses beaux doigts poliz
En vain mignardant sa force,
Ca, & là cacher s'efforce
Et les rozes, & les lyz.
Celuy, qui a veu le tour
De l'yraigne mesnagere,
Filant ses rex à l'entour
De la mouche passagere,
Il a veu Mars, & Venus
Enchainez à membres nuds,
Et Vulcain guignant au pres
De son embusche yraigneuze,
Qui la couple vergongneuze

Alloit ferrant de fi pres.
Alors les plus renfrongnez
   De la bande Olympienne
   Soudain s'en font eflongnez
   D'vne ire Saturnienne.
   Mais quelqu'vng des moins facheux
   Voyant fes folaſtres ieux,
   Se fent chatouiller le cœur,
   Et en fouriant defire
   D'appreſter ainfi à rire
   A l'iniurieux moqueur.
Celuy, qui chanta iadis
   En fa langue Caſtillane
   Les proëſſes d'Amadis,
   Et les beautez d'Oriane,
   Par les fiecles enuieux
   D'vng fommeil obliuieux
   Ia s'en alloit obfcurci,
   Quand vne plume gentile
   De cœte fable fubtile
   Nous a l'obfcur eclerci.
C'eſt le Phebus des ESSARS,
   Lumiere Parizienne,
   Qui nous montre le dieu Mars
   Ioint auec' la Cyprienne:
   Chantant fous plaifant difcours

Les armes, & les amours
D'vng stile aussi violant,
Lors qu'il tonne les alarmes,
Comme aux amoureuses larmes
Il est doulcement coulant.
Si de ce braue suiect
On goute bien l'artifice,
On y verra le proiect
De maint royal edifice:
Qui tesmoigne le grand heur
De la Françoise grandeur.
Là, se peut encores voir
Maint siege, mainte entreprise,
Ou celuy, qui en diuise,
Iadis a faict son deuoir.
Là, se voit du grand François
La foy constante, & loyale,
Ses faictz, sa grandeur, ançois
Sa posterité royale.
Dont l'vng, qui tient en sa main
L'heur du monarque Romain,
De la France est gouuerneur,
L'autre, tesmoing de sa race,
Porte escrit dessus sa face
Des Princesses tout l'honneur.
Là, ce gentil artizan

Nous montre au vif, quel doit estre
Le prince, le courtizan,
Le seruiteur, & le maistre:
Combien d'vng fort bataillant
Peut le courage vaillant:
Quel est ou l'heur, ou malheur
D'vne entreprize amoureuse,
Et la chanse malheureuse
D'vng iniuste querelleur.
Qui du cygne Dorien
Le vol immiter desire,
D'vng ozer Icarien
Se ioint des ailes de cire.
Et celuy se geynne en vain
Apres ce doulx ecriuain,
Qui s'efforce d'egaler
(Soit que les armes il vante,
Soit que les amours il chante)
Le sucre de son parler.
Vous, que les Dieux ont esleuz
Pour combatre l'ignorance,
Et dont les escriz sont leuz
Des voisins de nostre France,
Donnez à cetuy l'honneur,
Qui les faict par son bonheur
De nostre langue apprentiz:

Langue, qui estoit bornée
Du Rhin, & du Pyrenée,
Des Alpes, & de Thetis.
Peut estre aussi, que les ans
Apres vng long, & long âge
Par estrangers courtizans
Brouilleront nostre langage:
Adonques la purité
De sa doulce grauité
Se pourra trouuer icy.
Du Grec la veine feconde,
Et la Romaine faconde
Reuiuent encor' ainsi.
Quel esprit tant sourcilleux
Contemplant la Thebaïde,
Ou le discours merueilleux
De l'immortelle Eneïde,
Se plaint, que de ces autheurs
Les poëmes sont menteurs?
Ainsi l'Aueugle diuin
Nous faict voir sous feint ouurage
D'vng guerrier le fort courage,
Et l'esprit d'vng homme fin.
Des poëtiques espris
L'vtile, & doulce escriture
Comprent ce, qui est compris

Au ciel, & en la nature.
Les Roys sont les argumens
De leurs diuins monumens:
Et si nous montrent encor'
Le beau, l'honneste, l'vtile,
Auec' vng plus docte stile
Que Chrysipe, ne Crantor.
Mais ie souhaite souuent
D'estre banny iusq' au More,
Ou que la fureur du vent
Me pousse iusq'à l'Aurore:
Quand i'oy bruyre quelque fois
Du peuple l'indocte vois,
Ou quand i'escoute les criz
De ces pourceaux d'Epicure,
Qui en despit de Mercuré
Grongnent aux doctes escriz.
L'vng plaint la contagion
De la ieunesse abuzée:
L'autre, la religion
Par noms Payens deguizée.
Cetui-cy fort elegant
Va vng songer allegant:
Cetuy-la trop rigoreux
Approuue l'edict d'Auguste,
Et le bannissement iuste

De l'Artizan amoureux.
Vous les diriez, tant ilz sont
D'vne hayneuze nature,
Qu'auecques Tymon ilz ont
Iadis pris leur nourriture,
Caton semble diſſolu
A cetuy là, qui a leu
Deſſus leur front Curien :
Du reſte, ie m'en raporte
Au reſmoignage, que porte
Leur ventre Epicurien.

Puis ces graues enſeigneurs
D'vne effrontée aſſurance
Se prennent aux grands Seigneurs,
Les accuſant d'ignorance.
Meſmes leurs cler-voyans yeux
Se monſtrent tant curieux,
Que d'abaiſſer leurs ediſtz
Iuſq'aux ſimples damoizelles,
Et aux cabinetz de celles,
Qui lizent noſtre Amadis.

Si le Harpeur ancien,
Qui perdit deux fois ſa femme,
Corrumpit l'air Thracien
D'vne furieuſe flamme :
Pourtant nous n'auons appris

D'auoir l'amour à mespris,
Dont la saincte ardeur nous poingt,
Non celle desnaturée,
Qui de Venus ceincturée
Les loix ne recongnoist point.
Mais pourquoy se sent blessé
Par nostre façon d'escrive
Celuy, qui a tout laissé
Fors son vice de mesdire?
Lequel pour se deffacher,
Voulant (ce semble) attacher
Or' cetuy, ores celuy,
Par ne sçay queles sornettes
Faict yng present de sonnettes,
A qui moins est fol, que luy.
Si est ce, que le iapper
De telz indoctes volumes
N'a le pouuoir de coupper
L'aile aux bien-yolantes plumes:
Qui sous yng argument feint
Nous ont si viuement peint
Toutes noz affections,
L'honneur, la vertu, le vice,
La paix, la guerre, & l'office
Des humaines actions.
Or entre les mieux appris

Le chœur des muses ordonne,
Qu'à HERBERAY *soit le pris*
De la plus riche couronne.
Pour auoir si proprement
De son propre acoutrement
Orné l'Achille Gaulloys,
Dont la douceur alléchante
Donne à celuy, qui le chante,
Le nom d'Homere François.
Si i'auoy' l'archet diuin
De la harpe Ronsardine,
Le bas fredon Angeuin
Diroit la gloire Essardine :
Neantmoins tel que ie suis,
Ie la diray, si ie puis,
Non icy tant seulement,
Mais en cent papiers encore,
Afin que son bruit decore
Le mien eternellement.

AV SEIGN. ROB.
de la Haye, pour estrene.

ORes, que l'an dispos,
   Qui tourne sans repos
Par vne mesme trace,
Nous figure en son rond
Du pere au double front
Et l'vne & l'autre face:
Amy, pour toy ie veulx
   En poëtiques vœux
De la nouuelle année
Le iour solennizer,
Afin d'eternizer
Nostre amour nouueau-née.
Ie t'offriroy les dons,
   Qui feurent les guerdons
Des plus vaillans de Grece:
Ou l'or malicieux,
Qui tenteroit les yeux
D'vne chaste Lucrece:
Ie t'offriroy encor'
   L'ambicieux thezor,
Que le marchant auare
Au plus pres du matin
Pille pour son butin

Au riuage barbare:
Mais tant, & tant de biens,
Que ie desire tiens,
Ne sont en ma puissance:
Et l'auare soucy
N'apauurist point aussi
Ta riche suffisance.
Si ma main eust acquis
Le sçauoir tant exquis
D'vn Lysippe, ou Apelle,
Tu deurois au pinceau,
Au marbre, & au cizeau
Ta louange plus belle.
Ie n'oubliroy icy
Ton Sybilet aussi,
Dont le docte artifice
Nous rechante si bien
Du Roy Mycenien
Le triste sacrifice.
Mais la muse, & les Dieux
Ne t'ont faict studieux
D'vne peincture morte,
Et puis contre le tems
En mes vers tu attens
Vne image plus forte.
Mais que dy-ie, en mes vers?

Les tiens, qui l'vniuers
Rempliront de leur gloire,
Sur le marbre des cieux
Engraueront trop mieux
Le vif de ta memoire.
Tes phaleuces tant doulx,
Qui coulent entre nous
Mile graces infuses,
De nous sont adorez,
Pour estre redorez
Du plus fin or des muses.
Tu vyurois par les sons
De plus haultes chansons
Si ie sçauois eslire
L'inimitable vois,
Que le grand Vandomoys
Accorde sur sa Lyre.
Quelz parfaicts artizans
N'ont bien donné dix ans
Au rond de leur science?
Qui veult rauir le pris,
Doit estre bien appris
Par longue experience.

ESTRENE
A D. M. De *la Haye*.

IE fay prefent de fleurettes defclofes
  A Flore mefme, & à Venus de rozes:
Quand par ces vers peu floriffans i'effaye
Faire florir la floriffante Haye:
Qui par l'hyuer de fon âge touchée
Comme ces fleurs, ne fe verra feichée:
Mais florira trop mieux, que la couronne
De fon Printems, qui maintenant fleuronne.

  Excufez donq' ma puiffance peu haulte,
Immitant ceux, qui n'ayans de rien faulte
Prennent en gré l'humble prefent des hommes.
Mefmes le Dieu de ce mois, ou nous fommes,
Clauier de l'an, qui rien plus ne demande
Que miel, & palme, & figues pour offrande.
Le cœur fans plus les Deïtez contente:
Et c'eft le don, lequel ie vous prefente.

ODE PASTORALE,
à vng sien amy.

BErgers couchez à l'enuers,
A l'ombre des saules verds:
Bergers, qui au pres des ondes
Du Clain lentement fuyant
Arrestez le cours oyant
De ses Nymfes vagabondes,
Desmanchez voz chalumeaux,
Et dictes à ces ormeaux
A ces antres & fontaines,
N'escoutez plus noz chansons,
Ni ces ruisseaux, ny leurs sons,
Enfans des roches haultaines:
Mais oyez le son diuin
Du chalumeau Poicteuin,
Renouuelant la memoire
Du pasteur Sicilien,
Et du grand Italien
La viue & durable gloire.
N'agueres nostre Berger,
Trauersant d'vng pié leger
Le doz chenu des montaignes,
R'amena les doctes sœurs,
Abreuuant de leurs doulceurs

Les Poicteuines campaignes.
C'est luy premier des bergers,
 Qui dedaignant les dangers
 De l'enuieuse ignorance
 A ces vers osta le frain,
 Les faisant d'vng libre train
 Galloper parmy la France.
Ses vers de fureur guydez,
 Comme fleuues desbridez,
 D'vne audacieuse fuyte
 Noz campaignes vont foulant,
 Mais les ruisseaux vont coulant
 Tousiours d'vne mesme suyte.
O qu'ilz ont tardé souuent
 Et les ondes & le vent,
 Quand les Nymphes Poicteuines,
 Et les Dieux aux piedz de bouc
 Trepignoient dessoubz le ioug
 De ses cadanses diuines.
Mais bien les trouppeaux barbuz,
 Oyant des sommez herbuz
 Ses aubades nompareilles,
 Ont faict mile & mile saux,
 Et les plus lourds animaux
 En ont chauuy des oreilles.
Ainsi le grand Thracien,

De son luc musicien
Tiroit les pierres oyantes,
Les fleuues esmerueillez,
Et des chesnes oreillez
Les testes en bas ployantes.
Heureux Berger desormais,
Tu seras pour tout iamais:
L'honneur des champs & des prées,
L'honneur des petiz ruisseaux,
Des bois & des arbrisseaux,
Et des fontaines sacrées:
Pour sonner si bien tes vers,
Sur les chalumeaux diuers,
Dont la doulceur esprouuée
Aux oreilles de bon goust
Coule plus doulx que le moust
De la premiere cuuée.
L'amour se nourrist de pleurs,
Et les abeilles de fleurs:
Les prez ayment la rozée,
Phœbus ayme les neuf Sœurs,
Et nous aymon' les doulceurs,
Dont ta muse est arrousée.
Ores ores il te fault,
Auec vng style plus hault
Poulser la royale plaincte,

Iuſq'aux oreilles des Roys,
Sacrant du pré Nauarroys
La fleur nouuellement ſainĉte.
Ainſi l'Arcadique Dieu,
Te fauorize en tout lieu,
Et tes brebis camuzettes:
Ainſi à toy ſeulemens
Demeure eternellement,
L'honneur des vieilles muzettes.

A SALM. MACRIN.

PAr yng tumbeau Arthemize honnora
 Et son Mauzole, & sa gloire, qui dure
 Au monument de la viue escriture,
 Non en celuy, que l'art elaboura.
Son cœur ardent le corps mort adora,
 Luy erigeant du sien vif sepulture:
 Mais la saison defist l'architecture,
 L'autre cercueil, la mort le deuora.
Tes vers, Macrin, bruslans d'amour semblable
 Ta Gelonis font plus emerueillable
 Au seul tumbeau de l'immortalité.
De ces deux la, reste yng peu de memoire:
 De cestuy-cy la plus durable gloire
 Ne craint la mort, ny la posterité.

XIII. SONNETZ,
de l'honneste Amour.

I.

COmme en l'obiect d'vne vaine peincture
Ie repaissoy plus l'esprit, que le cœur,
A contempler du celeste vainqueur
La non encor' bien comprise nature,

Ie proietoy sou' feincte couuerture
Les premiers traicts de sa doulce rigueur,
Mieux figurant le mort de sa vigueur,
Qu'imaginant le vif de sa poincture:

Quãd les sainčts vœuz de mon hũble vouloir
Ne feurent mis du tout en nonchaloir
Au Paradis du Dieu de ma victoire,

Ou de sa main ce diuin guerdonneur
M'a consacré prestre de son HONNEVR,
Pour y chanter les hymnes de sa gloire.

II.

CE ne sont pas ces beaux cheueux dorez,
Ny ce beau frõt, qui l'hõneur mesme hõnore,
Ce ne sont pas les deux archets encore
De ces beaux yeux de cent yeux adorez:

Ce ne sont pas les deux brins colorez
De ce coral, ces leures que i'adore,
Ce n'est ce teinct emprunté de l'Aurore,

M. iij.

Ny autre obiect des cœurs enamourez :
Ce ne sont pas ny ces lyz, ny ces rozes,
  Ny ces deux rancz de perles si bien closes,
  C'est cet esprit, rare present des cieux :
Dont la beauté de cent graces pourruëue
  Perce mon ame, & mon cœur, & mes yeux
  Par les rayons de sa poignante vëue.

III.

IE ne me plaing de mes yeux trop expers,
  Ny de mon cœur trop leger à les croyre,
  Puis qu'en seruant à si haulte victoire
  Ma liberté si franchement ie pers.
Amour, qui void tous mes secrez ouuers,
  Me faict penser au grand heur de ma gloire,
  Lors que ie peins au tableau de Memoire
  Vostre beauté, le seul beau de mes vers :
Mais si ce beau, vng fol dezir m'apporte,
  Vostre vertu plus que la beauté forte,
  Le coupe au pié : et veult qu'vn plº grãd biẽ
Prenne en mon cœur vne accroissance pleine :
  Ou autrement, que ie n'attende rien
  De mon amour, fors l'amour de la peine.

IIII.

VNe froydeur secretement brulante
  Brule mon corps, mon esprit, ma raizon,
  Comme la poix anime le tyzon

Par vng ardeur lentement violente.
Mon cœur tiré d'vne force allechante
　　Deſſou' le ioug d'vne franche prizon,
　　Boit à longs traiɛts l'aigre-doulce poyzon,
　　Qui tous mes ſens heureuſement enchante .
Le premier feu de mon moindre plaizir
　　Faiɛt halleter mon alteré dezir :
　　Puis de noz cœurs la celeſte Androgyne
Plus ſainɛtement vous oblige ma foy :
　　Car i'ayme tant cela, que i'ymagine,
　　Que ie ne puis aymer ce, que ie voy.

V.

CE Paradis, qui ſouſpire le bâſme,
　　D'vne Angelique, & ſainɛte grauité
　　M'ouure le ryz, mais bien la Deïté,
Ou mon eſprit diuinement ſe pâſme.
Ces deux Soleilz, deux flãbeaux de mon âme,
　　Pour me reioindre à la Diuinité,
　　Perçent l'obſcur de mon humanité
　　Par les rayons de leur iumelle flâme.
O cent fois donq, & cent fois bienheureux
　　L'heureux aſpect de mon Aſtre amoureux !
　　Puis que le ciel voulut à ma naiſſance
Du plus diuin de mes affeɛtions
　　Par l'allambic de voz perfeɛtions
　　Tirer d'Amour vne cinquieſme eſſence.

　　　　　　　　　　　M.iiɥ.

V I.

QVand ie ſuis pres de la flamme diuine,
Ou le flambeau d'Amour eſt allumé,
Mon ſainct dezir ſainctement emplumé
Iuſq'au tiers ciel d'vn prin-uol m'achemine.
Mes ſens rauyz d'vne doulce rapine
Laiſſent leur corps de grand ayze paſmé,
Comme le Sainct des douze mieux aymé,
Qui repoza ſur la ſaincte poitrine.
Ainſi l'eſprit dedaignant noſtre iour
Court, fuyt, & vole en ſon propre ſeiour
Iuſques à tant, que ſa diuine dextre
Haulſe la bride au folaſtre dezir
Du ſeruiteur, qui pres de ſon plaizir
Sent quelquefois l'abſence de ſon maiſtre.

V II.

LE Dieu bandé à deſbandé mes yeux,
Pour contempler celle beauté cachée
Qui ne ſe peut, tant ſoit bien recherchée,
Repreſenter en vng cœur vicieux.
De ſon eutre arc doucement furieux
La poincte d'or iuſtement deſcochée,
Au ſeul endroict de mon cœur ſ'eſt fichée,
Qui rend l'eſprit du corps victorieux.
Le ſeul dezir des beautez immortelles
Guynde mon vol ſur ſes diuines ailes

Au plus parfaict de la perfection.
Car le flambeau, qui sainctement enflamme
Le sainct brazier de mon affection,
Ne darde en bas les saints traiz de sa flâme.

VIII.

Non autrement, que la Prestresse folle,
  En grômelât d'vne effroyable horreur,
Secoüe en vain l'indomtable fureur
Du Cynthien, qui brusquement l'afolle:
Mon estomac gros de ce Dieu qui vole,
  Espoüanté d'vne aueugle terreur
  Se faict rebelle à la diuine erreur,
  Qui brouille ainsi mon sens, & ma parole.
Mais c'est en vain: car le Dieu qui m'estraict,
  De plus en plus m'eguillonne, & côtrainct
  De le chanter, quoy que mon cœur en grâde.
Chantez le donq, chantez mieux que deuant,
  O vous, mes vers! qui volez par le monde,
Comme fueillars esparpillez du vent.

IX.

L'Aueugle Enfant, le premier né des dieux,
  D'vne fureur sainctement eslancée
Au vieil Cäos de ma ieune pensée
Darda les traicts de ses tou'-voyans yeux:
A lors mes sens d'vne discord gracieux
Furent liez en rondeur baliencée,

Et leur beauté d'ordre egal dispensée
Conceut l'esprit de la flamme des cieux.
De voz vertuz les lampes immortelles
Firent briller leurs viues estincelles
Par le voulté de ce front tant serain:
Et ces deux yeux d'vne fuyte suyuie
Entre les mains du Moteur souuerain
Firent mouuoir la sphere de ma vie.

X.

I'Ay entaßé moimesme tout le bois,
　Pour allumer celle flame immortelle,
　Par qui mon âme auecques plus haulte aile
Se guinde au ciel, d'vng egal contre-pois.
Ia mon esprit, ia mon cœur, ia ma vois,
　Ia mon amour conçoit forme nouuelle
　D'vne beauté plus parfaictement belle,
　Que le fin or epuré par sept fois.
Rien de mortel ma langue plus ne sonne:
　Ia peu à peu moimesme i'abandonne,
　Par cete ardeur, qui me faict sembler tel,
Que se monstroit l'indomté filz d'Alcméne,
　Qui dedaignant nostre figure huméne,
　Brula son corps, pour se rendre immortel.

X I.

POur affecter des Dieux le plus grãd heur,
　Et pour auoir, ô sacrilege audace!

Sou' le mortel d'vne immortelle grace
Idolatré vne saincte grandeur:
Pour auoir pris de la celeste ardeur
Ce, qui de moy toute autre flâme chasse,

Ie sen' mon corps tout herissé de glace
Contre le roc d'vne chaste froideur.
L'aueugle oyzeau, dont la perçante flâme
S'afile aux rayz du soleil de mon âme,

Aguize l'ongle, & le bec rauissant
Sur les dezirs, dont ma poictrine est pleine,
Rongeãt mõ cœur, qui meurt en ✶vaissant,
Pou✶iure au bien, & mourir à la peine.

XII.

L A docte main, dont Minerue eust appris,
Main, dõt l'yuoire en cinq perles s'allõge,
C'est, ô mon cœur! la lyme qui te ronge,
Et le rabot, qui polist mes escris.

Les chastes yeux, qui chastement m'ont pris,
Soit que ie veille, ou bien soit que ie songe,
Ardent la nuict de mon oeil, qui se plonge
Au centre, ou tend le rond de mes espris.

L'esprit diuin, & la diuine grace
De ce parler, qui du harpeur de Thrace
Eust les ennuiz doulcement enchantez,

Vous ont donné la voix inusitée,
Dont (ô mes vers) sainctemẽt vous chãtez

Le tout-diuin de vostre Pasithée.

XIII.

PVis que la main de la saige nature
    Bastit ce corps, des graces le seiour,
Pour embellir le beau de nostre iour
Du plus parfaict de son architecture:
Puis que le ciel trassa la protraiture
    De cet esprit, qui au ciel faict retour,
    Habandonnant du monde le grand tour
Pour se reioindre à sa viue peincture:
Puis que le Dieu de mes affections
    Y engraua tant de perfections,
    Pour figurer en cete carte peinte
L'astre benin de ma fatalité,
    I'appen ce vœu à l'immortalité
Deuant les pieds de vostre image saincte.

L'ADIEV AVX
Muses, pris du latin de Buccanan.

A Dieu ma Lyre, adieu les sons
De tes inutiles chansons.
Adieu la source, qui recrée
De Phebus la tourbe sacrée.
I'ay trop perdu mes ieunes ans
En voz exercices plaisans:
I'ay trop à voz ieuz asseruie
La meilleure part de ma vie.
Cherchez mes vers, & vous aussi
O Muses, iadis mon souci!
Qui à voz doulceurs nompareilles
Se laisse flatter les areilles.
Cherchez, qui sou' l'œil de la nuyt
Enchanté par vostre doulx bruit
Auec' les Nymphes honnorées
Danse au bal des Graces dorées.
Vous trompez, ô mignardes sœurs!
La ieunesse par voz douceurs:
Qui fuit le palais, pour elire
Les vaines chansons de la Lyre.
Vous corrompez les ans de ceux,

Qui ſou' l'ombrage pareſſeux
Laiſſent languir eſeminée
La force aux armes deſtinée.
L'hyuer, qui naiſt ſur leur printens,
Voulte leur corps deuant le tens:
Deuant le tems l'auare Parque
Les pouſſe en la fatale barque.
Leur teinct eſt touſiours paliſſant.
Leur corps eſt touſiours languiſſant
De la mort l'eſroyable image
Eſt touſiours peinte en leur viſage.
Leur plaiſir traine auecques luy.
Touſiours quelque nouuel ennuy:
Et au repos ou ilz ſe baignent,
Mile trauaux les accompaignent.
Le miſerable pionnier
Ne dort d'vn ſommeil priſonnier:
Le nocher au milieu de l'onde
Sent le commun repos du monde:
Le dormir coule dans les yeux
Du laboureur laborieux:
La mer ne ſent touſiours l'orage:
Les vens appaizent leur courage.
Mais toy ſans repos trauaillant,

Apres Caliope baillant,
Quel bien, quel plaisir as tu d'elle,
Fors le parfun d'vne chandelle?
Tu me sembles garder encor'
Les chesnes se courbans sou' l'or,
Et les pommes mal attachées,
Par les mains d'Hercule arrachées.
Iamais le iour ne s'est leué
Si matin, qu'il ne t'ayt trouué
Resuant dessus tes Poëzies
Toutes poudreuses, & moizies.
Souuent, pour vng vers allonger,
Il te fault les ongles ronger:
Souuent d'vne main courroussée
L'innocente table est poussée.
Ou soit de iour, ou soit de nuyt
Cete rongne tousiours te cuyt:
Iamais cete humeur ne se change:
Tousiours le style te démange.
Tu te distiles le ceruedu
Pour faire vng poëme nouueau:
Et puis ta muse est deprizée
Par l'ignorance authorizée.
Pendant, la mort qui ne dort pas,

Haste le iour de ton tres pas:
Adonques en vain tu t'amuses
A ton Phebus, & à tes Muses.
Le Serpent, qui sa queue mord,
Nous tire tous apres la mort.
O fol, qui haste les années,
Qui ne sont que trop empennées!
Aiouste à ces malheurs ici
De pauureté le dur souci:
Pesant fardeau, que tousiours porte
Des Muses la vaine cohorte:
Ou soit, que tu ailles sonnant
Les batailles d'vn vers tonnant:
Ou soit, que ton archet accorde
Vn plus doulx son dessus ta chorde.
Soit, qu'au theatre ambicieux
Tu montres au peuple ocieux
Les malheurs de la tragedie,
Ou les ieuz de la comedie.
Sept villes de Grece ont debat
Pour l'autheur du Troyen combat:
Mais le chetif, viuant, n'eut onques
Ny maison, ny pais quelquonques.
Tytire pauure, & malheureux
Regrete ses champs planteureux:
Le pauure Stace à peine euite

De la faim l'importune suyte.
Ouide au Getique seioux,
Faché de la clarté du iour,
De son bannissement accuse
Ses yeux, ses liures, & sa muse.
Mesmes le Dieu musicien
Sur le riuage Amphrisien
D'Admete les bœufz mena paistre,
Et conta le troppeau champestre.
Mais fauls il, pour les vers blâmer,
Nombrer tous les floz de la mer?
Et toute l'arene roulante
Sur le paué d'vne eau coulante?
Malheureux, qui par l'vniuers
Iet a la semence des vers:
Semence digne qu'on cuite
Plus que celle de l'aconite.
Malheureux, que Melpomené
Veid d'vn bon œil, quand il fut né:
Luy inspirant des sa naissance
De son sçauoir la congnoissance.
Si le bonheur est plus amy
De celuy, qui n'a qu'à demy,
Des doctes Sœurs l'experience,
O vaine, & ingrate science!
Heureux & trois, & quatre fois

Le fort des armes, & des lois:
Heureux les gros sourcils encore',
Que le peuple ignorant adore.
Toy, que les muses ont eleu,
De quoy te sert il, d'estre leu,
Si pour tout le gaing de ta peine
Tu n'as, qu'vne louange vaine?
Tes vers sans fruict, laborieux
Te font voler victorieux
Par l'esperance, qui te lie
L'esprit, d'vne doulce folie.
Tes ans, qui coulent ce pandant,
Te laissent tousiours attendant:
Et puis ta vieillesse lamente
Sa pauureté, qui la tormente:
Pleurant d'auoir ainsi perdu
Le tems aux liures despandu:
Et d'auoir semé sur l'arene
De ses ans la meilleure grene.
Donne congé, toy qui es fin,
Au cheual, qui vieillist, afin
Que pis encor' ne luy aduienne:
Et que poussif il ne deuienne.
Que songe'-tu? le lendemain
Du corbeau, n'est pas en ta main.
Sus donq', la chose commençée,

Est plus qu'à demy auancée.
Malheureux, qui est arresté
De vieillesse, & de pauureté.
Vieillesse, ou pauurete abonde,
C'est la plus grand' peste du monde.
C'est le plaisir, que vous sentez
O pauures cerueaux euantez!
C'est le profit, qui vient de celles,
Que vous nommez les neuf pucelles.
Heureuses nymphes, qui viuez
Par les forestz, ou vous suyuez
La saincte vierge chasseresse.
Fuyant des muses la paresse.
Soit donq' ma Lyre vng arc turquois:
Mon archet deuienne vng carquois:
Et les vers, que plus ie n'adore,
Puissent traictz deuenir encore'.
S'il est ainsi, ie vous suiuray
O nymphes! tant que ie viuray:
Laissant dessus leur double croppe
Des muses l'ocieuse troppe.

COELO MVSA BEAT.

Faultes en l'impreſſion.

En l'Eneide fueil. 19. *ſoudainemet, liſez ſou-*
dainement. En la complainte de Didon fueil.
37. *meſmes, liſez meſme. En la meſme fueill.*
87. *calfeutrées, liſez calfatées. Au* 4. *ſonnet*
xi. lign. cours, liſez cœurs.

Henry *par la grace de Dieu
Roy de France, Au*
preuost de Paris, Seneschaux de Lyon,
Thoulouze, Poictou, Aniou, baillifz
de Touraine, Berry, Rouen, Et à tous
les iusticiers de nostre Royaume, ou à
leurs lieuxtenans generaulx & par-
ticuliers Salut. Receu auons l'hum-
ble supplication de nostre aimé Vin-
cent Certenas, marchāt libraire en no
stre ville de Paris, Contenant qu'il a
nagueres recouuert le quatriesme liure
de l'Eneide de Vergile, translaté en
vers Frācois par I. D. B. A. l'epistre
de Dido à AEnée, d'Ouide, vne epi-
gramme d'Ausonne : autres œuures
de l'inuention du translateur: lesquelz
liure, epistre & epygramme & autres
œuures, ledict suppliant feroit volun-

tiers imprimer & mettre en lumie-
re:mais ne luy est loysible de ce faire,
sans permission & congé de nous, surce
qu'il nous a humblement requis luy
ottroyer. Pourquoy nous desirant
pourueoir au suppliant en ceste part:
Afin mesmes qu'il retire les deniers
qu'il exposera à l'impression desdictz
liure, epistre, epigramme , & autres
œuures du mesme aucteur. Permettõs
de grace especial au suppliant pouuoir
imprimer, ou faire imprimer lesdictz
liure, epistre, epigramme & autres œuures: & iceulx imprimez exposer en
vente durant six ans, cõmenceans du
iour que lesdictz œuures seront ache-
uez d'imprimer. Deffendant à tous
imprimeurs libraires & autres noz
subiectz quelz qu'ilz soyent, d'imprimer ou vendre ny faire adueu.
Si donnons & cõmettons à chas-

cun de vous ſicomme à luy appartien-
dra, faire & laiſſer le ſuppliãt ioyr &
vſer paiſiblemẽt de noz preſentes per-
miſsion & licence, ſans luy faire ou dõ
ner ne ſoûffrir eſtre faict ou dône aucun empeſchement contraire à l'effect
de noz preſentes: lequel ſi faict ou dõ-
né luy faictes ſans delay mettre à plaine deliurance : Car ainſi voulõs eſtre
faict, Nonobſtant quelzconques lettres contraires ou contenu cy deſſus.

  Donné à Paris le premier iour de
Feburier, L'an de grace mil cinq cents
cinquante vn , Et de noſtre regne le
cinqieſme.

  ✠ Par le conſeil.

                    Coret.

ga ununu agazunu u

uunu u u uu uu

adtosus
adtosus

adtosus
adtosuA
adtesus
adtosus
adtosus
adtosuu
adtosus
adtosus
adtosus

Hic liber almi

hec

homo

honoffe moyshe

nconse

longe culo

mon

mon

www.ingramcontent.com/pod-product-compliance
Lightning Source LLC
Chambersburg PA
CBHW071949110426
42744CB00030B/653